商周

業務員該如何
自我進化

野村證券傳奇業務員的致勝招數

営業 野村證券伝說の說営業マンの「仮說思考」とノウハウのすべて

富田 和成 著　葉韋利 譯

一個口才不好、內向怕生的菜鳥業務：

第一年就躋身前十名的業績，第二年只專攻VIP的族群，
第三年全區域的業績第一名，第四年負責超級VIP的資產管理與運用，

這些成績究竟是如何達成的？他不是以量取勝，也不是光靠鬥志與耐力，
他讓跑業務成為系統化並可學習複製的模式，讓自己即便面對各種不同的變數，
也能穩定地獲得漂亮的業績成果！

JW智緯顧問公司總經理 張敏敏 推薦

目錄

第二章

有效的銷售前準備工作

前言

從菜鳥到頂尖的業務學

身為日本頂尖業務集團野村證券的業務人員，身為拓展「金融科技」這個新領域的創投企業經營者，這十多年來，我思考所有商務最核心的「跑業務」，並持續在國內外實踐我的想法。然而，在這個過程中，不免與許多日本既有的跑業務常識相抵觸，例如業務是「靠雙腳勤跑」、跑業務取決於人情、業務這一行幹三年就該離職、業務員討人厭，以及業務員都很老土等等。

過去以製造業獨步全球的日本，長期以來對於在第一線的業務人員，似乎總有些輕視。不過，想要打破經濟停滯，找出未來的潛力，在打造商機上最重要的就是跑業務。無論催生出多精良的產品，如果無法推廣、呈現給顧客，那麼一切都是枉然。

事實上，根據我的觀察，全球的企業，尤其是具有熱度的亞洲新興國家，跑業務這方面都會交給最有實力的人才負責。

我在跑業務上使用這套「假設・驗證循環」的方法持續至今，並隨時摸索出新的作法，這才是「業務」這份工作的新境界。本書的內容即在於從思考方式到實戰技巧，從個人到組織，從理性到感性，由各個角度來切入「業務」這份工作。

「欸，富田。你帶著名片跟我出去！」進公司大約七個星期之後，負責教育新進人員的前輩H先生主動對我這麼說。「機會終於來了。」我想。證券公司的業務人員需要證照，並不是一進入公司就能出去跑業務。總算等到證照下來，雖說是協助公司前輩，也算人生頭一遭的「證券業務」經驗。

我跟著前輩到了離我們分公司很近，位於車站旁邊的房屋仲介公司。「早安！我是野村證券，敝姓H。來向各位請安！」前輩比平常高八度的嗓音，迴盪在狹小的辦公室裡。

四周坐在辦公桌前的員工全對我們倆投以冷淡的目光。不過，H先生的笑容連一公釐也沒變，仍舊直挺挺地站在門口。「原來證券業務人員真的會以『請安』臨時登門拜訪啊……」這真的是我當時赤裸裸的第一印象。

不過，這第一炮無預警的登門拜訪竟然幸運異常，因為是對方的老闆親自出來招呼我們，這次的拜訪算是很成功。就連原先意興風發想著「讓我來示範」的前輩都沒料到會如此順利。

接下來一個月的時間，我就遵照H先生的指導，靠著「來向各位請安！」這一招到處突襲登門拜訪。「重點在數量。只要拜訪的數量夠多，而且帶著滿腔熱情工作，一定能做出業績。」當天稍晚，前輩這樣告訴我。

然而，之後我根本跑不出任何業績。業績少得令人錯愕。很遺憾，我並沒有業務方面的才華。

在跑業務時，我的口才不好，體型又壯碩，經常給人「好可怕！」的印象。再加上我還有點怕生，即使是參加一些經營者的聚會，也不太會主動與人攀談。更別說要拓展新業務，或是自己負責專案，這些我連想都沒想過。

再者，其實我本來就不是太懂得自律的人。經常一讀起好看的漫畫，就會進入忘我的境界，搞到睡眠不足。對此我也不斷深自反省。看電視也一樣，一看就是沒日沒夜，甚至到後來，我是一把鼻涕、一把眼淚將電視撤出家中。就像這樣，我還可以舉出好多理由證明我真的不適合業務這份工作。

而我唯一引以為傲的，就是從兒時到大學持續練足球培養出的好體力。因此，我遵照前輩的指導，想要以量取勝。每天早上我比其他人早到公司，晚上工作得比同事都晚。但我的業績跟同期進公司的同事比起來，仍然是倒數。感覺同樣的事情繼續做下去，狀況也不會好轉。於是，我嘗試稍微改變策略。正確說起來，應該是我「第一次嘗試好好用腦袋思考」。我仔細思考臨時登門造訪時，打招呼的第一句話。

因為用「來向各位請安」這句話，有九成九的機率在櫃臺前就被擋下來，更別說想進一步提案自家商品。我這才領悟到，臨時登門造訪跑業務時，瓶頸就在於如何突破接待櫃臺第一關。因此我採用的策略就是——「假設思考」。

我設想若自己面對業務員上門推銷時，對方用什麼話最能打動我，靠著這樣的假設不斷思考並且臨場演練，逐漸摸索出一條路。

一開始我建立的假設是，「與其擺出業務員懇求的低姿態，不如表現得像是和客戶站在同一陣線更好吧？」不過，光是這樣的概念有些籠統，於是再更深入研究。「和客戶站在同一陣線是什麼意思？」或許是「看似有幫助」，也可能是「看起來彼此了解」。

「什麼是看似有幫助？」可能是「及時解決業務上的問題」，或許是「解決經營者個人的煩惱」。我把深入分析的過程稱為「因式分解」。反覆進行「因式分解」，就是本書中介紹的假設思考的一大特色。

我把這些建立起來的各種假設陸續使用在平常的跑業務上，將實際有效的方法持續更新，並一一收進個人的資料庫中。經過反覆建立假設與驗證的結果，這裡介紹一個我在臨時登門拜訪時最擅長使用的一招。比方說，臨時前往房仲公司拜訪時，一開始別說「今天來向各位請安」，而說「我想請教一下不動產方面的問題」，就能大大提高突破櫃臺障礙的機率。

當然，我真正的目的不是為了買賣不動產，而是想建議相關的金融商品，但這個階段保留一些含糊不清的語意正是關鍵所在。這種說法會讓人直覺認為可能是要他們推薦不動產物件給我的證券公司客戶，或是他們和野村集團的不動產部門有合作的機會。但櫃臺接待人員或是在電話中的員工都無從判斷，很容易讓對方心想「還是先請示社長比較好」。這個點子就是我從消除「為了推銷金融商品上門」的印象，反推而來的。類似這樣的致勝招數，可以說是某種「模式」逐漸增加後，馬上就看得到效果。

原先我認為是障礙的櫃臺第一線，這下子突破的機率大大提升。接著在突破第一關的招數稍微可預見的階段，我就在清單選定，或是訪談、簽約等各個跑業務流程中所有面向，展開建立假設與驗證的循環，持續增加運用的模式。

結果，我在進公司第一年就開發了兩百二十件以企業、經營者為主的新客戶。不但遙遙領先同期進公司的同事，在所有員工的開發新客戶數量中也躋身前十名。第二年起，我負責開發的客戶包括上市公司、規模更大的優良企業，在經營者之中也只專攻ＶＩＰ的族群，手上管理的資金更多了。第三年，在全國入行七年內的資淺人員中，我的個人業績是第一名。然後在進公司第四年，我調職到了負責超級ＶＩＰ的資產管理及資產運用的個人理財部門，而且是當時全部門年紀最輕的。

雖然我在還沒達到全國第一營業員的目標就離開證券業務的第一線，但有了上述的成績，以及剛進公司第三年就拿下區域全員工的業績第一名，讓我創下了好幾個公司史上最年輕的紀錄。我之所以能留下這樣亮眼的成績，並不是以直覺為自己的跑業務風格，也不是光靠鬥志與耐力，而是徹底深入研究後，以定量估算，並且持續不斷改進的跑業務。本書即為我經過實踐之後學習的跑業務方法，加以系統化之後集結成冊。

首先，序章「能夠讓業務員進化的五種心法」中，會重新檢視業務這項工作的價值，並介紹五個觀念，讓業務人員重拾自信，並逐步改變。

在第一章「頂尖業務員需具備的四大能力」中，將序章的內容進一步具體化，並列舉出四種能力，說明如何培養自己成為能在全球奮戰的業務人員。

接下來的第二章、第三章則是實踐篇。

第二章「有效的銷售前準備工作」中，解說從清單選定到客戶資訊收集、如何接觸客戶，以及和顧客面談之前的事前準備等。為了找出合作機率較高的客戶，怎麼用腦就成了關鍵所在。

第三章「提高成交率的銷售步驟」中網羅了與客戶溝通步驟中的方法。從訪談到喚起需求、簡報、成交，以及接下來的交涉事項，每個過程都掌握到，並以高度察覺到顧客需求的「假設思考」，達到最終提高成交率或單價的目的。

從第四章、第五章開始，依據先前實踐性的知識進入應用篇。

第四章「成為頂尖業務員的加速引擎」中，介紹的並非個案的成敗，而是透過業務相關的環節理解如何做好目標設定與成長策略。

在第五章「打造強大的業務組織」裡頭，說明了當組織中的假設・驗證循環趨於穩定後，如何提升成員各自的企圖心，並持續讓業績成長的機制。當然，領導階層讀起這一章應該會覺得很有趣，而對於擅長在第一線跑實務的業務員來說，內容中也有很多自我管理的知識，非常有幫助。

另一方面，本書列舉的案例主要以企業與企業上的跑業務居多，但也有像是針對經營者及高資產個人客戶喚起需求的手法，也就是可以運用在企業與消費者業務上的思考方式。希望讀者在閱讀過程中可以隨時思考適當、實用的方法。

這不是一本輕鬆易懂的書，但我想讀完之後，各位應該都會有些新的看法與觀點。希望本書能對各位的工作有所助益。

序章

能夠讓業務員進化的五種心法

提升業務員的評價與能力

社會上的風氣常會將業務工作看得比其他職務低一等。

過去我也做過登門跑業務的工作，經常不被尊重。曾有大學同學問起我的近況，聽到「我是證券業務人員」後，會露出同情的模樣，「呃……這樣啊，做業績很辛苦吧！」甚至有些過去當過業務的人，離開第一線之後也變得瞧不起業務工作。常見新進的求職者說：「我沒什麼特殊技能，唯獨體力很不錯，所以就找業務員的工作。」這些例子想必會讓很多目前從事業務工作的人很有共鳴吧。

綜合一下社會上普遍看待業務人員的印象，大概是「卑躬屈節，每天不斷忍耐，隨時承受很大壓力」。不過，我心目中理想的業務應該是「能夠讓客戶倚賴、時時感受到成長並沒有壓力的工作」。

如果能夠完全實踐本書的內容，相信一定能成為這般理想的業務人員。只是，就目前日本業務人員的現況來說，的確還有許多該改善的地方。我想，先整理出日本的業務員需要進步的地方，之後再來探討該怎麼解決這些問題。

① 從「交付個人」進化到「組織的改善」

多數的日本公司會把業務這份工作歸類為個人的交易成果。

我認為原因很可能是在根本上太缺乏對於業務工作步驟的系統化與具體化。仔細想想，跑業務是在任何商業環境中都不可或缺的重要技巧，但MBA中卻沒教「業務學」，真令人感到不可思議。

因為沒有系統化，各人對於「跑業務」的定義也模糊不清，只能以籠統的概念來說明，像是「跑業績跑得勤的人就會有成績」或是「溝通很重要」，到最後多數人就普遍認為「業務這一行誰都能來做」。

更重要的是，因為沒有「基礎」，很難視為整體組織來改善。

其實，日本人向來很擅長改善。

豐田汽車的KAIZEN（譯註：日文漢字「改善」的發音）收錄在英語辭典裡。追溯到更早以前，日本人在種子島找到神秘的武器，拆解之後還自行製造出槍枝。這些例子的共同點，就是整體架構很容易用文字或語言來表達。

要講到跟業務相近的領域，在日本企業中的企畫或行銷，這些know-how即使以全球來說，水準也相當高，但多半都是從歐美引進理論之後，配合日本當地環境再進化。

社會上普遍對於做「企畫」或「行銷」的是專業人士的印象，也是來自於

0-1 業務員的五項課題與該具備的四種能力

這些領域都已經系統化。

這股擅長改善的實力若是沒有運用到日本企業的跑業務上，實在太可惜。

跑業務的步驟之所以不容易系統化，原因就出在與最終成果相關的變數太多了。

對同一位客戶用同一套說詞來說明同一項產品，也會因為當下的情境或環境的些微差異而造成不同的結果，這就是跑業務。就像前面一開始介紹的小故事，光是用「向您請安」這句話，偶爾還真的能見到負責人。

然而，因為變數太多，就算能言善道、簡報也做得很好的人才，被視為「適合跑業務」而分派到業務部，最後會如人事部預期表現的人也僅屬少數。

0-2 推銷（sales）與行銷（marketing）的差異

此外，看看頂尖業務員的作業方式，每個人都不一樣，是不是會讓人心想，「既然無法確實掌握，那麼去思考那些模式也是枉然」呢？

但仔細聽聽優秀的業務人員所說，就會慢慢發現，基本上大家思考的方向是一樣的。例如「將跑業務的步驟拆解之後思考」、「從目標數值反推回去決定行動目標」、「因應客戶類型改變接觸方式」，或是「隨時找出瓶頸持續改善」等。

本書的目的就是讓讀者能夠學習這些作為基礎的思考方式，在第二章與第三章分項討論跑業務的步驟同時，盡可能將整體業務工作系統化。

②從「依靠臨機應變」進化到「模式化」

做了幾年業務工作之後，應該都會從經驗法則歸納出幾套必勝模式。然而，這些必勝模式多半憑藉感覺，在定量上的驗證也不嚴謹，模式的數量也不夠。雖然多少算是系統化，但多數業務員似乎沒有建立起要將「跑業務」模式化的觀念。也有人堅持，「因為變數太多，臨機應變非常重要」。但我認為，正是由於變數多，更要增加成功模式，至少不要再依靠臨機應變，這才是能夠穩定獲得成果的重點所在。

任何細節都能當作建立模式的對象。以我個人來說，「突破櫃臺關卡的第一句話」是我建立的第一個模式，我從中學到課題也可以模式化，解決方案也可以模式化，包括舉手投足、銷售言談、建立人際關係，甚至連顧客名單選定等等，全都可以模式化。身為一名業務人員，所謂的成長就是主動增加成功模式的數量，並持續改進、更新這些模式。我在第一線跑業務時，尤其剛入行的第一年，每天就是埋頭在驗證各種模式。

事實上，業績卓越的業務人員腦中都累積非常大量的各種成功模式。對這些人而言，提升銷售數字已經成了家常便飯，在工作第一線會出現的狀況幾乎都在意料之中。很少看到頂尖業務人員會在工作現場手足無措，因為他們腦中早已準備好多個因應模式。

使用既定模式時，對於名叫「大腦」的ＣＰＵ不會造成負擔。從某個角度來看，在應對時已經能類似條件反射。因此，不用把心思花在表象上，能夠做到更高層次的事情，像是深入解讀對方的表情，或是早一步預料對方的想法。

萬一發生不尋常的狀況，他們會努力思考，「原來還有這種模式啊！那麼下次如果再遇到這個狀況，該如何因應最理想呢？」試圖建立起新的模式。

當然，世界上沒有百分百精確的模式，一旦熟悉新的模式，每個步驟的成功率都會提高。因此，當綜觀整體營業步驟時，從被視為「如果改善這種似乎效應很大」的瓶頸，嘗試去依序建立起新模式，自然而然就能提升整體成功率。

一種是持續以少量「船到橋頭自然直的跑業務模式」，另一種是專注於不斷增加「高精確度的跑業務模式」，兩者造成天差地別的結果也理所當然。

③從「一成不變的話術」進化到「最妥當的溝通」

講到模式不足的跑業務工作，就讓我想到以電話約訪或是臨時登門這類照本宣科式的作法，其實都非常可惜。很可能當事人本身沒什麼惡意，單純依照公司下達的指令，「不用想太多，只要機械式地達成接觸的案件量就行了」。

然而，在人工智慧貼近生活的現代，跑業務的手法也必須日新月異，包括配合客戶面對的課題提出適合的解決方案；配合客戶的興趣與個性拋出閒聊話題；配合客戶的心情調整談話的語調。就像這樣，要是能夠配合客戶的期待，隨機應變調整接觸方式，保證可以成為業績長紅的王牌業務員。

當我還在第一線從事業務工作時，很快發現到一成不變的接觸方式容易受限，除了臨時登門拜訪之外，就連電話拜訪時，我也不倚賴標準守則，邊打電話邊上網搜尋對方的資料，或是及時推測對方的需求，在這些條件下改變談話內容。

要找出每個客戶最適合的應對方式很花工夫，這是事實，但若是回到前面講的模式，只要平常多增加各種應用模式，其實就只是「隨機應變挑選適合的模式」，應該沒那麼困難。

④從「四處推銷」進化到「假設思考」

講到沒有計畫的跑業務模式，我第一個想到的就是「四處推銷」。

「請問有沒有什麼我能為您服務的呢？」這種上門詢問推銷的方式。在商業環境急遽變化的時代，如此悠哉閒適的跑業務模式，很難締造出好業績。事實上，經常有人說「四處推銷的跑業務時代已經結束了」。另一方面，也常聽到要掌握客戶需求，聆聽是很重要的。甚至有一種說法，「就未來的跑業務必備的技巧，傾聽能力比解說能力更重要！」傾聽能力在某些特定場合確實很重要，我在剛進入業務這一行時，也閱讀這類書籍而且加以實踐，但光是這樣根本不夠。

冷靜想想就能立刻了解，在完全不清楚對方需求的狀態下傾聽，對客戶來說，就像遇到消極推銷的業務員一樣。要跳脫這個層次，必須在與客戶見面之前，就準備好客戶可能的需求假設。

如果預定的假設一下子就說中，對方會覺得「你真了解！」而更積極談論具體內容，接下來傾聽能力才能發揮作用。況且，就算假設多少有些偏離，總比沒頭沒腦來得好，至少是個起點，讓對話發展出有建設性的內容的機率也比較高。

在與客戶首次接觸的階段先準備好假設，就好比是第一次登富士山直接從五合目登山口出發。不僅對於業務人員來說，能期待有個好的開始；站在客戶的角度想，相較於得從山腳下慢慢爬，自然會想要選擇能帶領自己從五合目直接出發的業務人員。然而，許多業務人員並未察覺到這一點。

⑤從「重視sales」進化到「重視marketing」

一般來說，日本的業務人員從製作客戶名單到成交的一連串作業，都由一個人負責。雖然在日本也有採取分工的公司，但得由業務員一人獨自挑起所有工作的公司，仍屬大多數。其實我前一份工作也是這樣，當時我也覺得這是理所當然。

不過，進公司兩年後的某一天，我在一本講業務工作的書上讀到，原來在美國等地，業務多半是分工制。也就是說，在約訪客戶之前的步驟，是行銷人員負責，用近期大家熟悉的說法就是inside sales（內勤業務），取得聯繫之後的工作，則由sales（外勤業務）負責。我還記得當時了解之後，有種莫名的認同感。

這是因為在我本身啟動的業務PDCA中，以內勤接觸到負責人之前的步驟，和身為外勤與負責人碰面之後的作業，兩者所需要的能力完全不同，必須啟動的PDCA也相去甚遠。然而，多數業務人員滿腦子老想著「見到負責人之後要講這些話」、「要讓對方看到這些資料」等，也就是後段工程的業務內容。尤其是深信「業務是靠雙腳跑出來的！」這類傳統業務人員，多半都這麼想。這麼一來，就算再怎麼鍛鍊業務能力，效果仍有限。

從機率論來想，相較於「該怎麼說服客戶」，「該說服哪個客戶」會來得更有效果。只要在市場行銷中找出優良客戶，無論是從首次碰面進展到簡報的機率，或是簡報到成交的機率都會高出許多。不奢求九十九比一，但我認為至少需要有七比三的比例，多把心力投注在內勤業務上。

近來內勤業務的概念也逐漸在日本普及，原因就是在業務工作結構化之下，或是分析大數據之後，業務工作效率大幅提升。換句話說，與其去接觸不確定是否有需求的一百人，不如以統計學的方式抽出已知有需求的二十人，用心接觸，這樣成交機率會大幅提高。結果無論對公司、對業務人員，以及對客戶都有利，也就是「三贏」的局面。

下頁圖表是提供使用人工智慧業務平臺的美國大數據分析商InsideSales.com的調查結果。二〇一一年在美國的內勤業務與外勤業務的比例大約各五成，但內勤業務的比例有逐漸提高的趨勢，預測未來仍會持續這樣的走向。

事實上，在敝公司的組織架構上，內勤業務組的員工人數也是最多的。整體業務活動的方向，基本上是由內勤業務組來負責，前線的外勤業務人數維持最基本需求即可。當內勤業務組發揮功能，愈來愈多詢問介紹與仲介的案件，前線組就會縮減為最基本的人數。我想，未來各家公司也會逐漸採取這樣的接觸方式。

話說回來，前線組的人數也不可能變成零。在這樣的立場下還能夠有出色表現，當然代表本身具有相當的才華，才能比其他人多好幾倍機會站上打擊區，這

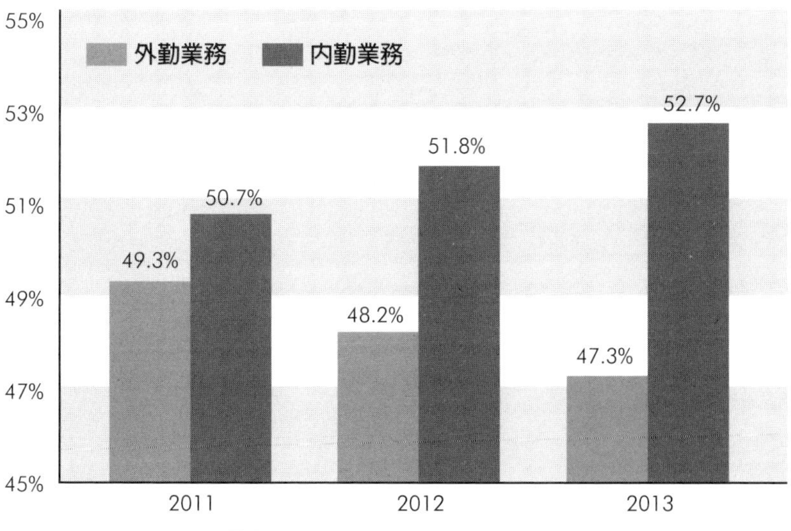

0-3 外勤業務減少，內勤業務增加

樣的價值自然無法忽視。相較於接觸十個案件能順利成交三件的人，未來整個競賽的本質也會改變，必須要接觸二十個案件且成交四件的人才能勝出。只不過，如果是具備能接觸二十個案件這般馬力的人，更該培養類似行銷的技能。

要能夠因應行銷到業務等一切環節的人原本就不多，因此，如果能全盤掌握，就能技壓身邊其他業務人員，自己也能掌控業務工作的各項步驟，平常在工作時想必會覺得更有趣吧。

第一章

頂尖業務員需具備的四大能力

整理完業務員需要改善的幾點之後，再說明一下業務員自我進化需要的能力。歸納之後可列舉出左列四種能力：

①假設思考力。

②因式分解力。

③機率論的思考方式。

④持續啟動PDCA的能力。

用我身邊的案例來簡單說明。

在我採取電訪跑業務的時期，使用的技巧之一是「撥打與代表號最末號碼差一號的電話」。這是在遭到總機兩次拒絕後，我自己採取緊急狀態下使用的「模式」。因為這個改變，讓我不只一、兩次去電聯絡上經營者，到最後也順利成交。

這個模式也因為包含了這四種能力，我才能依照自己的想法創造出來。

需要的能力① 假設思考力

所謂的假設思考，就是建立起「或許是~」的假設，並加以驗證。前面提到撥打差一號電話的想法，就是從下面這個假設發展出來。「總機這一關戒備森嚴的話，表示能夠突破的其他業務人員也不多。也就是說，包含經營者在內，一般員工或許不太熟悉業務人員。既然如此，不如就嘗試撥打給這些戒心較低的部門。」至於為什麼會打最末號碼差一號的電話，是因為很多公司內的多線號碼都會採用連號。

不過，要不是平常習慣針對凡事分析思考的人，大概也想不到這個點子吧。一般來說，提到電訪接觸的對象只會想到公司代表號或是專案負責人，但針對接觸的源頭進行因式分解就會察覺到，其實還有其他一般員工。

而從機率論的角度來看，從戒心較低的員工聯繫上公司經營者的機率當然很高。此外，我知道技術部門的員工戒心特別低，因此要是網路上查得到技術部門的電話號碼，我也會試著打那支電話。

接下來，這套假設不能只停留在想的階段，必須立刻付出實行，並持續驗證到化為可相信的事實，這點很重要。撥打差一號的電話並建立起假設之後，立刻投入實戰加以驗證效果，就能產生新的模式備用。

締造驚人成果的「假設型業務模式」

我習慣採取的跑業務型態，簡單用一句話來說就是「假設型業務模式」。也就是說，我平常的業務活動都是以假設思考為基礎。

所謂的假設思考，是在面對課題時，即使看不到解決方案，仍能綜觀整體問題，建立「瓶頸應該在這裡」的推論，然後付諸行動並加以驗證的一套思考架構，也就是「邏輯推理」的演繹法，在「有結論」、「有目標」、「有目的」之下，展開一切思考。或許用另一個說法比較簡單易懂，就是在「現階段能想到最理想的解決方案」的前提下，嘗試開始思考的方式。

至於假設思考的目的，就是「為了找出能盡早動起來（在現階段能想到的）、最理想的解決方案」。我為了「以壓倒性的速度成長，成為全公司的第一名」而不斷運用假設思考，而且必須在使用的同時持續更新。

就一般的思考模式來說，只要累積經驗，就能逐漸看出答案。不過，這種方式要花費太久時間才能看到結果。關於這一點，事先導向問題本質的假設思考，只要假設正確就能直逼問題核心，並以「萬一錯了修正就好」為前提，在嘗試解決方案時，不猶豫，可以加快工作的速度。若能完全貫徹假設型的跑業務，就算是毫無經驗的業務人員，也能在一、兩年內超越十年甚至二十年的老資格。

假設型跑業務最能發揮的狀況，就是在鎖定客戶需求時，先從有限的資訊來推測客戶面對的課題，然後在首次接觸時，立刻祭出你已準備好的假設，這可說是我的跑業務風格最大的特色。

若是你的假設正確說中對方的需求，客戶會有「你怎麼會這麼了解我的狀況？」的反應。相較於詢問客戶「您有什麼煩惱嗎？」」之後才開始想辦法的四處推銷型，兩者給對方的印象（信賴度）不一樣，而且從第一次見面，你就能跟客戶談論深入的話題。

就我個人而言，建立假設的對象範圍很大。從突破櫃臺或總機的第一句話該怎麼因應開始，甚至包括很小的細節，像是對櫃臺人員說話的語調，我都會建立假設「或許出乎意料穩重的態度，會讓對方有比較好的印象」。因此，我會嘗試整個星期都用稍微壓低的語調，實際驗證突破第一道關卡的機率會不會提升。

在數位行銷的領域中有個「A／B測試（A/B test）」的術語，這是嘗試過A類型和B類型的橫幅廣告（banner）或登錄頁面（landing page）後，採取兩者之中效果較佳的手法。我將這套方法落實在跑業務的第一線，稱為「實境A／B測試（real A/B test）」，持續更新效果比較好的模式。

此外，在挑選客戶時，「假設」也能發揮很大作用。

例如，若養成習慣，在市面上推出新產品或服務時即建立假設，就能自行開始深入思考，「哪個業界會想要這項產品或服務？」當同一件事情出現好幾次時，假設就會進化成模式，等於自己常備的必勝招式又多了一招。要是沒有建立假設，很容易出現類似「總之先從上市公司一個個詢問」這種興之所至的想法。

假設與資訊的關係

假設思考本身就類似「思考的習慣」，只要平常想像自己是個偵探，養成習慣隨時推測凡事的因果關係，所有人都學得會。不過，這時最好同時培養資訊收集的能力。名偵探不僅具備推理能力，也有優秀的觀察力。同樣地，收集愈多資訊，愈能提高假設的精準度。

只是要注意的是，若為了提高假設精準度卻花太多時間收集資訊，反倒會耽誤速度。因此，在資訊收集的方法上也必須跟著建立假設來增加模式、提升效率。而且，當假設建立到某個程度之後，隨即進入驗證階段，決策明快俐落也很重要。

關於資訊收集及建構需求的假設，將在第二章詳細說明。

需要的能力② 因式分解力

整理思緒，防止忽略課題

因式分解力可整理思緒，是防止忽略課題時不可缺少的技巧，學會之後，假設的精準度自然隨之提升。

首先試著因式分解「跑業務」。要是猶豫不知道該如何下手時，最簡單又確實的方式就是依照步驟來分解。分解跑業務的步驟，就會變得像圖表1-1一樣。再將「資訊收集與需求假設建立」、「潛在客戶管理」、「介紹」等步驟適當加入，就成了業務工作的流程，這樣的分解作業不用花上一分鐘。

不過，光是像這樣在視覺上呈現出跑業務的步驟，應該就能讓一些人看出類似「自己雖然擅長簡報，在客戶選定上，都做得不太確實」等需要改進的地方。這就是因式分解的厲害之處。

當然，這種程度的分解還很粗略。接下來，還能將每個步驟繼續分解出各個因素，聚焦在重要的瓶頸上，在建立假設與驗證的同時，一項一項修正。我認為這是一名業務人員逐漸成長的基本型。

沒有養成因式分解習慣的人，或是因式分解做得很粗略的（＝不擅長深入思考）人，就會持續陷入混沌不明的狀況下面對課題。

然而，不釐清課題就找不到解決方案，無論多麼努力都難有成果，演變到後來只會造成企圖心低落，愈來愈沒自信。

陷入這類惡性循環的人真的很多，不只

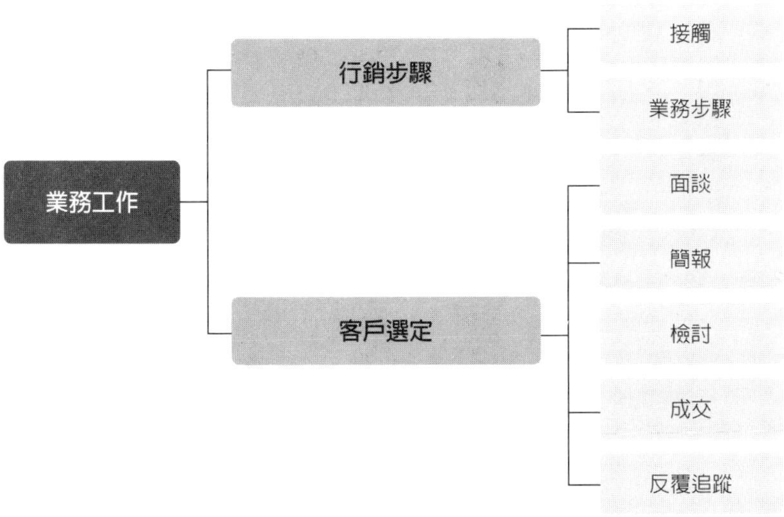

1-1 「業務工作」的因式分解

是業務員，其實可能只要花一分鐘進行因式分解，就能跳脫這個惡性循環。

因式分解的訣竅

假設型的跑業務的因式分解訣竅，就是盡量詳細分解。

以前面列舉的業務工作步驟分解的案例，只分解了三個層次，但其實繼續往下應該還能分解出第四層、第五層。例如，光看「簡報」這個步驟，思考一下實際上由哪些作業構成，就能發現至少還有像是「製作資料」、「陳述」、「回答問題」等各個因子。更進一步思考「製作資料」的因子，還能分解成「收集數據」、「建立大綱」、「寫作」、「設計」等細節。分解到這個程度的話，就算原先覺得自己還滿擅長簡報的人，也可能發現其實自己在行的只有「陳述」，

- 猶豫該怎麼分解的話就用步驟來區分
- 也推薦用量X質來區分
- 留意MECE（Mutually Exclusive Collectively Exhaustive，不遺漏不重複）
- 持續分解直到弄清楚該做的事
- 使用製作心智圖的工具（Xmind等）會很方便
- 無論分解課題或解決方案都可以
- 認為分解完畢之後，再試著往下深入一層

1-2 因式分解的訣竅

對於「製作資料」這一項還有很大的進步空間。

重申一次，因式分解就是用來預防遺漏掉課題或是需要改善的地方，進行方式沒有一定的正確答案。例如，以業務工作整體行為分解出每一個業務步驟是有效的方法；但也有另外一種方法，是以「量×質」來分解。

這些方式的共同點就是MECE「不遺漏、不重複」，為了防止課題上有致命的疏漏，最好養成因式分解到第

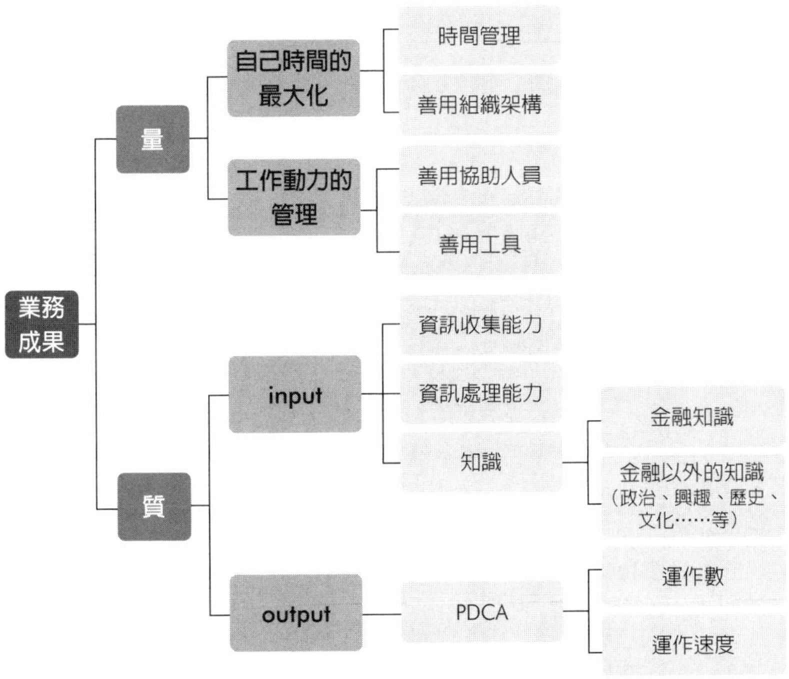

1-3 將業務工作的成果從量與質來做因式分解

二層、第三層使用MECE分拆法的習慣（例如若一下子就用「行業別」來分解「業務工作」，有食品業、化妝品業、成衣業等，需要列舉的因素太多，就會有漏掉特定業界的風險）。

第四十三頁的圖表是過去我還在第一線跑業務時，用來尋找課題使用的其中一套因式分解。這裡用「量×質」分解，推導出的因子全都是「候選課題」。接著我再將這些課題排出優先順位，從改善後效應較大的課題開始，在建立起的假設基礎下嘗試改善。

我認為業務工作不需要天馬行空的點子，只要沒有遺漏各個要素，成果一定伴隨而來。

如果是企畫類的工作，必須要具備創意，因此光是針對課題進行因式分解並不夠；但在憑機率的業務工作上，只要持續地反覆作業，就能讓你成為業績第一的業務員（當然前提是「持續不斷地做」）。

即使有王牌業務員做了什麼特別的事，這些也都能仰賴因式分解與PDCA推導出來；或者在思考假設時，每個人之間的天分略有差異，但缺乏才華的話，多啟動幾次PDCA即可提高精準度，仍然能夠超越其他人。

深入發掘直到釐清該做的事

雖然我在書中寫了「最好能盡量深入挖掘」，但或許有人很猶豫，不知道實際上究竟要分解到什麼程度。簡單來說，還不熟悉因式分解的人，多半把分解看得太簡單。就算當事人認為已經完全分解，但幾乎都還能再繼續往下分解兩層。這在我指導年輕業務員時，有非常深刻的體會。

那麼，究竟要深入挖掘到什麼程度才行呢？答案是「直到釐清該做的事」。

以前面的例子來說，即使了解在「製作資料」上似乎還有進步的空間，但因為課題太過粗略，還看不出具體該怎麼做才好。這就證明了挖掘的深度還不夠。接下來繼續深入挖掘，了解到課題就是「設計」之後，或許便能想到解決方案就是「請其他人提供範本」。能夠進行到此，就很容易列出待辦事項——「向擅長製作資料的A前輩要範本參考」。到了這個階段，剩下的就是「要做或不做」的問題了。

一定要先分解大型的數值目標

對於業務員來說，業績目標是想切也切不斷的一環。在我應邀演講或研討會的場合，覺得很多人都不擅長面對業務目標。

尤其讓我看不下去的，是有些人面對業務目標就快失去自信時，反而陷入什麼都不做的狀態。站在旁觀者的角度會認為「怎麼不趕快付諸行動呢！」不過，當事人在這種狀態下已經失去冷靜判斷，真的不曉得下一步該怎麼辦。這就是因為始終粗略看待課題所引起的狀況。

基本上，大型的數值目標也是要將該做的事情先行分解，加以釐清。例如，若設定全年營業額的目標為五千萬日圓，首先試著以每個月為單位分解。於是，每個月就是四百一十六萬日圓，再除以平均客單價。假設是四十萬日圓，則代表每個月必須成交十・四件。進一步用自己過去的成交率或是約訪率來計算，就能看出每一天的接觸件數，還需要事先準備的客戶清單數量。

要是這個數字太不符合現實，可以考慮靠其他工具或第三者的協助等方法增加數量，或是列出別的選項，像是不講求量而以提升成交的質（＝率）為目標。總而言之，這些行動方案都必須在經過因式分解之後才找得出來。

然而，若提升二%成交率的課題沒解決，就該做哪些事情的做法仍然沒釐清，依舊得繼續分解下去。要是判斷「閱讀與交涉術相關書籍」是有效的方法，就試著再往下分解一層。「今天下午在拜訪客戶的路上，繞到車站旁邊的書店買一本交涉術的書」，直到推導出能列出待辦事項的清單，分解才算告一段落。

由此可知，使用因式分解就能將「五千萬日圓」的大型課題，落實到「去書店」的具體行動。能夠養成因式分解的習慣，至少可以從「不知道下一步該怎麼做」的狀況下脫身。

需要的能力③機率論的思考方式

業務是講機率的領域

前面簡單提過內勤業務，其實內勤業務有兩種意義。一種代表只負責到約訪前各項作業的部門，另一個則是整體業務活動由公司內部支援的部門。

代表後者的內勤業務，工作範圍不僅包含收集資料、客戶管理等輔助性的事務，還有像是業務步驟中有哪些待解課題，該如何改善，並根據數據加以分析，進一步擬定業務策略等，都屬於其工作範圍，扮演的是像智囊的角色。另外，也會針對要向客戶簡報的提案書做適當改進。我認為大家應該多關注內勤業務代表的這兩種意義，就算公司裡沒有內勤業務的團隊，業務人員最好也要以數據徹底持續追蹤平日的業務活動。

用數字完全掌握業務活動，在心理上的好處說也說不盡。持續追蹤數據最大的好處，就是能不斷提醒自己，業務是個只講究機率的領域。業務這一行，命中註定一開始就得從累積如山的失敗經驗中孕育出成果。一般的業務員在電訪一百件之中能成交一件的話，換成王牌業務員，了不起也只能成交三件，其他的九十七件一樣遭到拒絕。

然而，多數業務人員在電訪時只要遭拒一次，似乎就開始自我否定，一蹶不振。該如何因應？很多人會麻痺自己的感覺，或是領了超過工作負荷的薪水，於是在心情上妥協。但我認為這兩種作法都只是粉飾太平而已。不需要這樣，其實只要改變對數字的理解方式就行了。

重點是從平常就確實追蹤數據，了解到「打一百通電話能成交一件」的話，每打一通電話就像是用石蕊試紙測試酸鹼性一樣，「這間公司會是那百分之一呢？還是百分之九十九的這一組呢？」

因此，無論遭受再怎麼惡毒的言詞拒絕，當下可能會不太愉快，但立刻就能轉換心情，「好吧，這家公司可以從清單上除名了，又朝正確答案更進一步！」保持積極正向的態度。這聽起來的確有些誇張，但一旦真正習慣了機率論的思考方式，真的會覺得「被拒絕真好」，甚至充滿感謝之意。我平常就是在這種心態下工作，因此無論電話拜訪或登門拜訪，都不以為苦。

倒不如說，之所以能有這樣的心態，是長期以來我不斷持續淬煉「該怎麼做就不會覺得苦？」這個假設的結果。因為我知道，一覺得痛苦，當下就會停頓，或是早上會拖拖拉拉、始終不肯打第一通電話，生產力明顯下降。當然，必須要持續不斷努力，讓原先成功機率的百分之一，提升到百分之二、百分之三。不過，這仍然是以假設基礎來思考的改善方案，必須經過在第一線實際驗證。

以數字掌握業務步驟

也可以將「用步驟分解」，以及「量×質」的分解兩者，組合使用。

例如，前面分解過的業務步驟，可以像圖表1-4一樣，以量×質進行因式分解，就可以全部換成數字。我將這些因子全都用Excel來管理。建立假設的行為或許能在腦袋裡進行到告一段落，但實際驗證需要的就是這些定量數據。

詳細內容將在第五章另行說明，敝公司的業務團隊使用的工具之一，就是稱為「ＫＰＩ（Key Performance Indicator）管理表單」的Excel表單。

這份表單上會列出業務每個步驟的數值，和每個月的目標值（這些資料由敝公司的內勤業務部門在接前線業務員的報告後更新）。

具體內容就是下列資料的ＫＰＩ：

- 清單數、清單率
- 接觸數、接觸率
- 面談數、面談率

- 簡報數、簡報率
- 檢討數、同意率
- 接單數、完成率
- 回流數、回流率

由於每個項目都設定了每個月的目標值，只要一輸入數字就能計算出達成率。然後，每天看著這份表單思索策略。這些數值會因為不同的行業以及提供的產品或服務而異，比方說，假設一星期的業務現況可得到下列數據：

市場行銷步驟

清單選定　＝取得的清單總數×可接觸到的清單化比例

接觸　＝接觸數×可面談的客戶化比例

登門拜訪　＝拜訪件數×可面談的客戶化比例

電話訪問　＝接觸件數×可面談的客戶化比例

DM　＝投遞件數×可面談的客戶化比例

網路廣告　＝刊載件數×可面談的客戶化比例

座談會　＝招待件數×參加率×可面談的客戶化比例

業務步驟

面談　＝面談數×需求喚起率

簡報　＝簡報數×同意率

檢討　＝檢討數×同意率

接單　＝接單數×完成率

回流　＝接單完成數×回流率

1-4 有助於製作KPI的各步驟的量×質

- 清單數、清單率……三千件．一七％＝接觸數
- 接觸數、接觸率……五百件．二％＝面談數
- 面談數、面談率……十件．六〇％＝簡報數
- 簡報數、簡報率……六件．六七％＝檢討數
- 檢討數、同意率……四件．五〇％＝接單數
- 接單數、完成率……兩件．一〇〇％
- 回流數、回流率……在接單數中每三件有一件

實際上在接觸、面談、簡報、接單等作業之間都會有「時間差」，但列表中省略這些前提，單純只記下數量。不過，即使只是像這樣填入具體的數據，也了解可以由此「反推」。

首先，很清楚看得出來，相對於接單一件，必須要先接觸五百件。此外，要得到一件回流案件，則必須要先接觸七百五十件。因此，實際上即使五百件中有四百九十九件不成交，也沒什麼好沮喪，這只不過反映出現實。在這個前提下，若是每週一件接單數想要變成兩件，就要去調整前面的數字，像是「將接觸數變成兩倍可以嗎？」或是「將面談數變

成兩倍可以嗎？」設定這些課題後，啟動假設與驗證的循環就行了。

「營業額沒有成長，該怎麼辦？」想破腦袋也找不出答案，但只要像這樣分解各個因子，掌握每個階段的數據，哪裡是瓶頸就可一目了然。使用這套ＫＰＩ管理表單，即使連業務經驗尚淺的年輕員工，也能察覺到「問題大概出在哪裡」。重點是掌握這些數字，才有辦法以科學方式分析自己的跑業務步驟。此外，將自己正在做的工作以視覺方式呈現，了解到如何連結到最終目標，無論面對什麼工作都會幹勁十足。

這就是數字的威力。

需要的能力④持續啟動PDCA的能力

業務上的PDCA

ＰＤＣＡ，就是要達到某個目的時，以重複循環PLAN（計畫）、DO（執行）、

CHECK（驗證）、ADJUST（調整）等幾個面向，實現最大效率的思考架構。這裡要先指出的一個重點，就是ＰＤＣＡ中的計畫（＝針對課題的解決方案）全都是假設。

我想要讓大家知道假設的重要性時，有時候會將ＰＤＣＡ一開始的「PLAN」換成「假設」意思，也就是「Hypothesis」，稱之為ＨＤＣＡ循環。

接下來啟動這個循環，讓假設成為定論（或是機率最高的方法），這就是我前面講過好幾次，在業務工作中必須增加的「模式」，也就是「致勝方法」。

由此可知，在本書中介紹的跑業務模式，把重點放在「假設・驗證循環」，這是將「ＰＤＣＡ」簡化後的版本，更容易執行與理解。想了解ＰＤＣＡ具體詳細的內容，可參考拙著《鬼速ＰＤＣＡ工作術》，這裡介紹的是跟本書有關的「Ｐ」＝PLAN（計畫）＝建立假設的基本想法。

先大致看一下圖表1-5，接著想像自己面對的業務數值與課題，同時閱讀其中的解說，相信會更容易理解。

步驟一：將目標定量化（KGI設定）

首先，所有的PDCA都從決定想要達到的目標開始。這時要注意的重點只有三項：訂出期限，定量化，還有適度列出具體內容。若期限變來變去，實踐的策略也隨之變動，不會產生危機感。此外，目標一定要用數字呈現。包含設定的日期，以及定量化的目標，這些我稱為KGI（Key Goal Indicator）。

業務工作中直接清晰的目標，多半都已經經過數值化。但其中可能有些其他目標，像是「成為受到高層認可的人」這種。即使是這目標，也必須化為數值，更換為容易具體掌握的狀態。用前面的例子來說，可以設定為「能和老闆聊超過半小時跟經濟相關的話題」，或是「每個月受到老闆邀約用餐小酌超過一次」等等，有各式各樣的想法，重點是以自己理解的方式來化為數值。

步驟❶將目標定量化（KGI設定）

三個月之後要每個月成交十件新開發的案子

⬇

步驟❷過濾出與現況的差距

到上個月是平均五件，因此必須成為兩倍才行

⬇

步驟❸思考彌補差距的課題

- 靠簡報決勝負時都贏不了
- 行程安排不理想，一天只跑得了三件
- 訪談能力不佳
- 講話的速度經常一不小心就太快
- 第一印象不好

⬇

步驟❹排出課題的優先順序並篩選成三項

- 靠簡報決勝負時都贏不了
- 行程安排不理想，一天只跑得了三件
- ~~訪談能力不佳~~
- ~~講話的速度經常一不小心就太快~~
- 第一印象不好

⬇

步驟❺設定各個課題的KPI

課題	KPI
靠簡報決勝負時都贏不了	簡報的勝率30%→50%
行程安排不理想，一天只跑得了三件	約訪一天三件→六件
第一印象不好	櫃臺第一線突破率5%→15%

1-5 建立假設的方法——業務工作的案例

步驟❻ 思考達成KPI的解決方案

KPI	解決方案
簡報的勝率30%→50%	收集優秀的簡報資料加以分析
	請擅長簡報的前輩陪同出席
	找同事進行模擬簡報之後提出意見回饋
約訪一天三件→六件	找出業務上浪費的時間、工夫，節省下來
	把可以讓後進處理的工作交付出去
	和主管商量獲准搭乘計程車
櫃臺第一線突破率5%→15%	練習微笑
	去上些發聲訓練的課程
	大量閱讀業務術的書籍尋找靈感

步驟❼排出解決方案的優先順序

- ~~收集優秀的簡報資料加以分析~~
- ~~請擅長簡報的前輩陪同出席~~
- 找同事進行模擬簡報之後提出意見回饋
- ~~找出業務上浪費的時間、工夫，節省下來~~
- 把可以讓後進處理的工作交付出去
- 和主管商量允許搭乘計程車
- 練習微笑
- 去上些發聲訓練的課程
- 大量閱讀業務術的書籍尋找靈感

設定目標三項重點的最後一項「適度列出具體內容」，跟其他兩項——訂出期限與定量化有關。目標要是過於抽象，邁向目標可用的選項會變得無窮無盡，不容易歸納出思考的方向；但目標要是過於具體，反倒太過單純，選項只剩下一、兩個，沒什麼參考的價值。

具體來說，假設業務員訂出「每年營業額」的數值目標，但若直接啟動PDCA，會一下子增加過多課題，很可能無法徹底落實，驗證也變得鬆散。因此，基本上會以每三個月一季或是每個月的頻率來分解，但這樣也算相當粗略了。

進一步分解下去，就需要思考構成「營業額」的因子。話雖如此，其實也沒什麼困難。既然是營業額，方法就很清楚明瞭，不是增加新客數，就是提高舊客單價。觀察一下目前營業額的結構，應該就至少能找到最短路徑建立起假設。

要是判斷這個狀況下增加新客戶是最有效的方法，在PDCA中最好具體設定成像是「每個月開拓新客戶十件」這樣的目標。

步驟二：過濾出與現況的差距

訂定目標之後，接著要確認與現況之間的差距。在這裡，先前定量化的目標就能立刻發揮威力。將現況以相同標準定量化之後，就能明確看出差距。

比方說，有一名業務員自發性地想將每個月平均開拓五件新案子增加為兩倍，也就是十件。這種狀況下，定量的差距就是「增加五件」。

步驟三：思考彌補差距的課題

看出目標與現況的差距之後，就要來思考彌補差距的課題。如果是個人啟動ＰＤＣＡ時，建議可以問自己下列這些問題，在思考的同時把腦中出現的想法寫在紙上或白板上。

- 「從目標反推回來的話，該做些什麼呢？」
- 「如果要朝這個方向前進，還缺少什麼呢？」
- 「如果要加速前進，有沒有什麼可以加強的優點呢？」
- 「有沒有什麼該要預先準備的風險呢？」
- 「身邊進行得很順利的人，都下了哪些工夫？」

如果是整個團隊一起行動，就要所有成員集思廣益，將想到的課題寫在便利貼，貼在牆上討論。

步驟四：排出課題的優先順序並篩選成三項

雖會與目標設定有所差異，但一般而言，課題在列出來之後應該數量都會很龐人。不過，當一個人同時有太多任務時，容易模糊焦點，很難呈現該有的成果。因此，適度篩選選項很重要。在決定「不做」的同時，也要排出「要做」事項的優先順序。至於數量，建議訂出前三名就行了。

在排列優先順序上，有些書上說明要用嚴謹的標準，但以直覺判斷也是一種方式。這類狀況的優先順序，其實人不太會弄錯，就算錯了，也只要在下一回合的PDCA循環中修正即可。

步驟五：設定各個課題的KPI

篩選鎖定出課題之後，接著要將這些課題化為數值。

各位所熟悉的ＫＰＩ，也就是績效指標。這是為了能客觀掌握進度，了解在啟動ＰＤＣＡ下距離最終目標有多接近。可以將ＫＰＩ視為是為了更貼近目標的「次要目標」。

將某個課題訂出ＫＰＩ時，多半都會考量多個選項。由於不需要達成所有的ＫＰＩ，在這個階段，每個課題只要篩選出一個ＫＰＩ就可以。換句話說，有三個課題就要訂出三個ＫＰＩ。

步驟六：思考達成KPI的解決方案

訂出ＫＰＩ之後，就得來想想有什麼解決方案可以達到這個數值。

這裡說的解決方案，只要想成是「達成ＫＰＩ該採取行動的大方向」即可。在這個階段想到的解決方案，之後在進入ＰＤＣＡ的「Ｄ」時，會分解為更具體的行動（DO），還有更具體的待辦任務（TO DO）。

寫出解決方案時，不需要區分每一項ＫＰＩ，但終究每個ＫＰＩ至少要有一個對應的解決方案。

步驟七：排出解決方案的優先順序

起初只從一個目標展開的計畫，到了這裡，紙上應該會列出好幾個解決方案。能夠在這裡出現的解決方案，至少應該都是「做了會比較好」的選項，能全數付諸行動當然最理想，但如果全部要做會導致半途而廢，不如就跟步驟四一樣列出優先順序。

持續PDCA的困難之處

PDCA最困難的地方，並不是在建立假設的PLAN，不是落實計畫的DO，也不是驗證或調整的CHECK或ADJUST，而是維持PDCA這個循環。從我收到很多《鬼速PDCA工作術》讀者的回響與心得，除了對於書上的內容給予正面意見，不少人也表示「真的很難持續下去」。

養成習慣PDCA的訣竅其實很簡單，一個是不要同時啟動多個PDCA循環，另一個是不要一下子就處理過大的課題。每個業務人員最後該啟動的PDCA對象各有不同。或許是閒聊的能力，或許是提升顧客清單的品質，也可能是培養製作賞心悅目的簡報資料能力等等。與業務成績相關的課題，全都能視為ＰＤＣＡ的對象。

在不確定因素很多的業務工作中，若是無法針對能控制的條件善加控制，就無法有傲人的成績，因此，我也曾對所有想得到的因素啟動ＰＤＣＡ。然而，ＰＤＣＡ就像開車一樣，必須要有一段適應期。不習慣的人即使看到什麼課題就著手，在啟動一、兩次循環之後，就會手忙腳亂。坦白說，這樣根本毫無意義。在適應之前只要先挑出真正優先順位較高的因子，集中火力就行了。這個情況下，要是課題過大，就得處理龐大數量的各個因子，因此最好能將課題分解成適當的大小，努力找出重點改善即可。

第二章

有效的銷售前準備工作

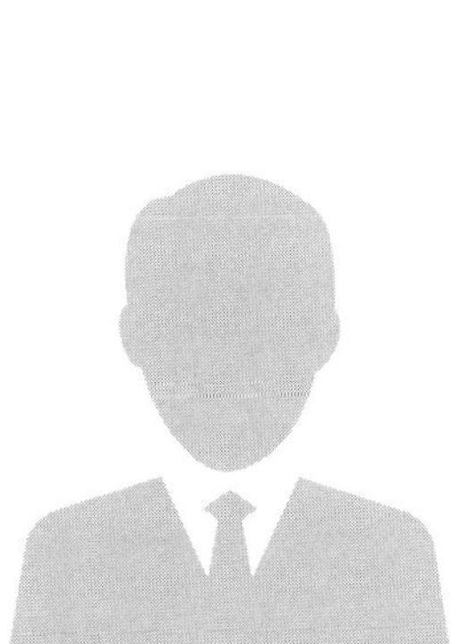

①選定清單．篩選客戶

改善重點與流程

如果認為自己已經很努力，業績卻沒有成長而十分苦惱時，這就是個重新檢視顧客清單的好時機。除非是由公司指派，或是在巡迴推銷時由客戶決定，在其他一般狀況下，啟動ＰＤＣＡ時，最直接以數字呈現出成果的步驟竟是列出並選定客戶清單。

打個比方，製作顧客清單就像徵才時的初選，如果能精準過濾出真的希望進這間公司的候選人，在接下來的後段流程會出錯的機率就可降低，使錄取率提升。相反地，要是沒多想就挑選了候選人（例如只看了對方畢業的大學），在這個賣方市場的時代，公司必須祭出很多措施來提高其進入公司的意願，包括調整面試日期，或是實際面試時的各項細節，總之只會增加後續流程的作業。要是耗費工夫，錄取率又低的話，公司整體的生產力將明顯降低。用徵才活動來當例子，相信每個人都能體會，「有道理耶。」

然而，實際上在業務第一線啟動顧客清單的ＰＤＣＡ案例似乎沒那麼多。當然有些先進的公司會運用大數據嘗試用科學方法來分析，但畢竟目前仍不是主流。

原因就是「好客戶」目前並未明確定義出來，或者在改善清單品質這個環節上缺乏know-how所致。

「希望能夠增加有預算、購買意願強烈、而且能夠持續往來的『好客戶』。」每個業務員心裡都會這麼想。不過，所謂「好客戶」是哪一個客群，具備哪些共同點，若不徹底進行一次因式分解，就不清

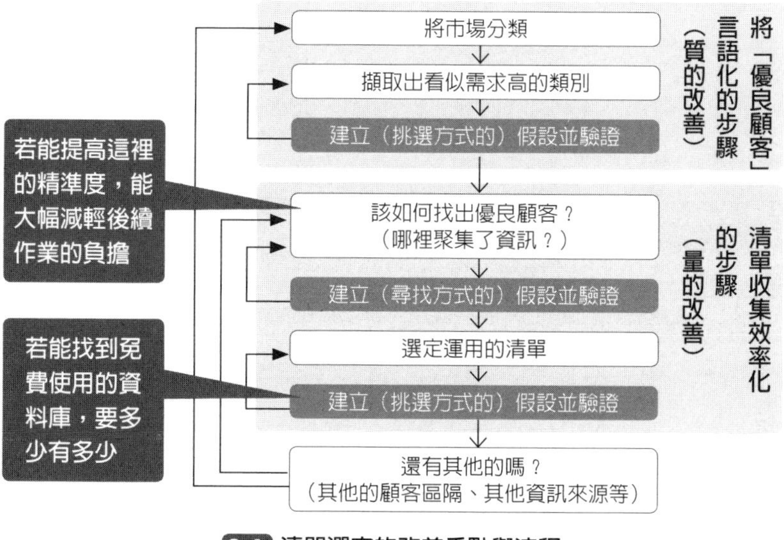

2-1 清單選定的改善重點與流程

楚該採取什麼行動，也無從改善清單品質。因此，對業務員來說，第一步就是嘗試徹底將市場做好區隔。光從行業來區分當然也有效果，但若能再從營業額、公司規模、股東結構等細項來區分就更理想。

下一步就是綜觀這些類別，挑出看起來需求高（與提供的商品或服務有較強因果關係）的類別。如果能從過去的交易看出規則性，那就容易多了，不過要是沒有，就必須以假設為基礎先製作測試清單，再進一步驗證數值是否有改善。如果的確有改善，便可以藉此將「好客戶」定義出來。

下一步就是收集清單。思考該如何尋找滿足「好客戶」條件的顧客。這個階段也可以在指定詳細條件下，向能夠提供客戶名單的業者付費購買名單，但若你已經能夠具體詳述「好客戶」的條件，其實自己能使用網路上的資料庫，收集各式各樣的資訊。

不過，當你有多個資訊來源時，便要思考實際使用哪一套收集清單的方法最合適。就算你想到可以從法務局（編按：台灣為經濟部）申請公司的營業登記謄本著手，可是不但得花上一番工夫，而且是各個公司分開的資訊，必須花費相當的時間、成本、勞力，加上考量銷售的產品和服務等整體影響後，你必須思考過濾清單需要用這麼費工的方式嗎？

最後，也是很重要的一點，就是要不斷自問：「有沒有更好的名單呢？」或許有人認為名單有限，但若使用假設，就會發現清單的質與量永遠有改進的空間。

從最重要的客戶個人特質反推

來介紹一個在我前一份工作時使用的「資產管理公司」的清單選定方法。

或許多數讀者平常跟資產管理公司沒什麼相關性，但這裡的重點是要說明清單選定時思考的過程。換句話說，重點不在於「有什麼樣的清單」，而是從「你所設定的目標是什麼樣屬性的人」這個著眼點開始。分解你所設定目標的特性後，便開始建立假設，尋找方法（這裡就是製作清單的方法），加以驗證後提高精準度，這才是重點。

從設定好的目標反推的一連串思考過程，就是假設型跑業務方法的基本概念。希望各位在理解這裡介紹的思考過程，同時一邊想想「換作自己銷售的商品，該怎麼製作清單呢？」

當年我還在菜鳥階段時，分公司的其他業務員幾乎都勤於巡迴推銷，只有我反而鎖定企業老闆開發新客戶。因為企業老闆很可能是金融資產超過一億日圓的高資產階級，無論資產運用的需求或資金都很高，因此我假設只要能拉攏這些人，就能一併拉進他們所具備的法人金融需求。此外，這些是在商場上的成功人士，通常下決定購買的時間很短，而這也是吸引我的地方之一。更別說藉由繼承事業或資產所得的這類資金確保上，這些人對於專業諮詢的需求也特別高。面對這種身分地位的人，想要成功的門檻當然也相對高。

然而，要在短時間內成為首席業務員，凡事都必須追求最高效率，因此我做出了結論——既然都要花時間跑業務，不如就單純鎖定企業老闆。因此，我必須找出企業負責人，否則就沒戲唱了。

一般來說，登門拜訪或是電話拜訪的作法，會用從名單業者獲得的資料中，挑選出有潛力的顧客進一步接觸。但如果鎖定的是企業負責人的名單，在某些跟企業資料有關的資料庫（Teikoku Databank）中會有非常多的資源，而且所有企業都能使用這些資料，因此從中獲得的資料，無法造成差異。這時我發現，想要成為頂尖業務員，就連名單也要有一套自己的產生方法。

於是，一開始我滿腦子都在思考自己想要開發的、最重要的客戶，是什麼樣的個性。包含企業老闆以及優良客戶較多的高資產階級，都有些什麼樣的特徵（因子）？我嘗試在筆記本上列出來努力思考，希望能從這裡找到什麼靈感。

進公司第一年，我寫下來的筆記就像下面這樣：

- 七十歲以上的經營者兼老闆
- 四十歲以下的創業者
- 過去有價證券報表中記載的常務以上（領有高額退休金）
- 過去在高額納稅人名單內
- 網路上討論的股市名人
- 完成（或是預定）ＩＰＯ的公司高層
- 持有資產管理公司
- 醫療法人的負責人
- 不動產經營者

當我這樣一項項寫出來時，注意到的就是資產管理公司。資產管理公司，就是高資產階級管理不動產或股票等資產，或是為了節稅而成立的公司的總稱。當然不是所有富人都擁有資產管理公司，但有資產管理公司者，絕大多數都是高資產階級。況且，放眼望去，當時我身邊的前輩還沒有人以資產管理公司為下手的重點。我心想，如果能製作一份資產管理公司的清單，就能有效接觸到富人階層。

「那麼，怎麼樣才能做出資產管理公司的清單呢？」我這樣問自己。後來，我在搜尋條件上慎選關鍵字，簡單過濾出資產管理公司。經過幾次試驗的結果，成功縮小了搜尋的條件如左列：

- 員工人數……五人以下
- 營業額……五千萬圓以上
- 營業項目……辦公室租賃、住宅租賃或其他投資業

若在日本帝國資料庫（Teikoku Databank）之類的企業資訊資料庫裡輸入這些條件搜尋，就會出現一整排資產管理公司（或是可能性極高的公司），若再加上其他搜尋條件，還能縮小地區範圍。

再舉個類似的案例，在前面列出的項目中，我也從不動產業負責人來開發新客戶。為

什麼要開發不動產業負責人呢？我建立的假設是：「不動產經營者一定都會積極運用資產」。

這個假設是這樣推論來的：

「哪一類客户會關注資產運用？」

←

「在運用資產的客户會關注資產運用。」

←

「是否有明確知道正在運用資產的客户呢？」

←

「廣義的資產運用也包括不動產買賣等產業。」

←

「確定從事不動產買賣的客户，理所當然不就是不動產仲介公司嗎？」

就像這樣深入思考，建立假設，就會找到和過去完全不同的切入點來篩選清單。這麼一來，還會發現到處都可以銷售產品與服務了。

那麼，該如何有效製作不動產經營者的清單呢？我設想自己若是不動產經營者，會想要在哪裡刊登自家公司的各項資訊，左思右想得到的答案是——不動產業界相關的協會。我立刻找到類似的協會網站確認，上面列出了各個加入協會的公司，還很貼心附上聯絡方式。例如，「不動產流通經營協會」上可以看到會員名單，而且還有公司名稱、負責人姓名、地址、電話等資訊。結果，光靠這一份多數會員的名單，就連帶讓我開發了好幾件新客戶。

如何判斷出成長中的企業

講到重要客戶的共同點，關鍵就是要趁早發現還在成長中的公司並建立起關係。那麼，實際上該怎麼判斷出正在成長的企業呢？這裡同樣要使用假設，只要能篩選出成長中的企業有哪些特徵即可。

光是稍微想一下，就能列出左列這些共同點：

- 錄取超過十名應屆畢業生的中小企業。錄取應屆畢業生，等到真正進入公司任職還要一年半的時間（譯註：日本的企業會針對預定畢業的在學學生進行招募，因此錄取到正式任職還有一段時間）。如果是中小企業，對公司的業績必須要有一定程度的信心才行。
- 在《日經新聞》這份報紙上刊登廣告的中小企業。因為日經的廣告單價特別高。
- 上網搜尋業績成長率排行榜。東洋經濟新報社等媒體都會公布。
- 以「總公司遷移」的關鍵字上網搜尋（用Google等進階搜尋功能還能鎖定一個月之內的內容）。不過，也可能是縮編，必須判斷清楚。
- 在價格相對高的徵才網站上刊登啟事的企業。尤其若是以業配報導刊登的話，廣告費用應該相當高昂，可知是非常認真想要拓展規模。
- 在企業公布有上億資金到位後在高科技類媒體上關注相關報導，或是隔一段期間就在網路上搜尋「資金到位」。
- 積極進行M&A（合併與收購）的企業。關注M&A資訊的網站，或是每隔一段時間就上網搜尋「收購」、「M&A」、「取得股權」等關鍵字。

這些項目都是從假設推論出來的。「哪種公司是成長中的企業呢？」「成長中的企業有沒有什麼共同點？」像這樣不斷提出疑問，就能產生無限多的假設。

重點是，在這裡也是從外在的現象來反推，「成長中的公司應該會增聘員工，拓展辦公空間，還會積極刊登廣告。」將這些特色列舉出來，就會像上面舉出的搜尋方法，多得數不清。

目標客戶的篩選條件設定

就像前面資產管理公司的搜尋條件一樣，篩選條件的設定和尋找資料庫同樣重要。換句話說，這也是在尋找目標客戶的共同點。

「你的目標客戶具備什麼樣的屬性呢？」其實愈深入了解，愈能提升清單的品質，但我卻發現多數業務員沒弄清楚這一點，就直接投入、跑起業務。

篩選時的因素非常多，但如果是公司的話，主要就是左列這些：

- 所在地
- 行業
- 員工人數
- 成立年月日
- 資本額

・營業額　・利潤　・出貨廠商　・進貨廠商　・往來銀行

・股東　・負責人出生年月日　・負責人住家地址　・負責人的興趣

每間公司能取得的資料多少會有差異，但在日本，這類公司的資訊只要使用帝國資料庫、東京商工調查（Tokyo Shoko Research）、公司四季報等資料庫（公司四季報的未上市版在二〇一五年已停止服務，但還是能購買過去的名單），就能查得到。從這些因素當中，尋找自己想要宣傳推銷的公司是否有共同點。例如，若是會計師、複合式事務機或是電話機的業務，想針對公司行號跑業務的話，或許把重點放在成立不到一年，還很新的公司。因此，公司成立年月日就會是一個重要的篩選條件。

如果是推銷勞務及人事顧問服務的公司，成立年數跟員工人數的組合就顯得重要。好比說，「成立五年之內」且「員工人數超過五十人」的公司，能夠想像它的迅速成長，因此便可以建立這家公司對於整頓勞務及人事基礎的需求較高的假設。

如目標客戶是屬於個人的業務，主要因素就會是年齡、性別、年收入、金融資產、職業、家庭結構、居住地區等。這些因素愈具體，精準度就愈高，同時也會出現該如何取得這些資訊的課題，因此，必須好好取得兩者間的平衡。

另外，若是像銀行或證券等提供廣泛服務項目的金融業務，對於目標客戶最理想的服務方式也會有所不同。所以就算得多費點工夫，還是要針對每項服務、每個目標客戶，分別找出最理想的篩選條件。

舉個例子。在針對法人做資產運用簡報時，與其篩選出營業額高的企業和其他公司競爭，不如重點式鎖定公司歷史較長的中小企業，成交率會比較高。這是我建立的假設。

比方說，A公司成立五年，營業額五十億日圓，獲利五億日圓；B公司成立三十年，營業額十億日圓，獲利一億日圓，在兩者之中，我會選擇B公司。

乍看之下，營業額較大的公司確實資金充裕，但成立了三十年還能締造一億日圓獲利的公司，代表經營穩定，內部保留的資產運用需求應該也很高。此外，光是成立五年就迅速成長的話，多半會把資金留在投資未來的成長事業。驗證的結果，我發現這個假設非常實際，因此，之後就會常用「成立超過三十年」這項搜尋條件。

到處都是能免費取得的清單

日本的日經資料庫需要付費，但其實很多資料都能使用，不必特別花錢買清單也無妨。像是業界團體的網站就是免費的。這個想法，是我在跑業務第一年建立的假設。

好比說，網路版的電話簿，在日本也就是指iTownPage。只要使用iTownPage，地區範圍可以縮小到〇丁目，而且具備關鍵字搜尋功能，還可以鎖定特定的行業。

我嘗試在負責的杉並區裡輸入「不動產　出租」的關鍵字，出現了四十八則相關內容。去掉一些大規模的公司後，不到五分鐘就製作出一份清單。在地方上從事不動產出租的公司之中，地主占有一定的比例，因此這份清單裡高資產階層出現的機率也很高。此外，這種手法在過濾出有繼承對策需求的地主時，也非常有效。不僅如此，上面還附了公司網站連結，像是成立日期、營業額規模、員工數量等建立需求假設的各項資訊，收集起來非常方便。

目前日本也有些挑選清單的代辦公司是以iTownPage的資料為基礎，可見這是一個很好用的資料庫。另外，我也曾到衛生所打探醫療院所的負責人。

在日本，到衛生所就能免費或付費取得當地醫療院所的清單（有些是刊登在網路上）。使用電話簿、日經資料庫以及業界團體的網站雖然沒辦法完全網羅到符合條件的企業，但若是透過公家機關取得資料，公開率是百分之百。順帶一提，在日本的衛生所也能拿到餐飲店的清單。若從事以刊載餐廳資訊以提高收益的服務，可以走一趟衛生所取得最新資料後當作跑業務的材料。就像這樣，稍微動一下腦筋，會發現到處都是可以直接使用的資料庫。

有沒有忽略的因子？

再怎麼努力思考客戶之間的共同點，仍難免疏忽或是誤解。例如，「避開紅海，瞄準藍海」這項在行銷上的準則，多半也會在客戶清單的篩選條件，卻不是所有案例都能符合。我在第一線業務工作時，親身體會到這個道理。

我負責業務的東京都杉並區有非常多的證券公司，其中最大的對手就是日興Cordial證券（現已更名為SMBC日興證券），我被分派到的荻窪分公司附近並沒有日興Cordial證券的分公司，但距離JR荻窪站三公里以南的東急井之頭線濱田山站一出來就有一間分公司。因此，同事之間都有默契，「濱田山附近是日興Cordial證券的勢力範圍，最好避開。」連野村證券的人都這樣想，其他證券公司的業務一定多半也有相同的想法。

我最討厭一開始就認輸，因此沒特別侷限在責任區，照樣到濱田山附近開發客戶。有一天，我仔細看了一下自己的業績數字，發現濱田山一帶的櫃臺第一線突破率稍微高了些。進一步確認地址後，在濱田山二丁目和三丁目的成績特別好。這個位置就是在日興Cordial證券濱田山分公司的方圓一公里之內呀！為什麼這一區的反應特別好？

我在回想顧客的反應時推論出的假設，就是「多虧了日興Cordial證券的業務員多年來開發新客戶，使得不少顧客並沒有那麼排斥和證券公司打交道吧？」這套假設在之後我以濱田山地區為進攻重點的過程中，直接從客戶的回饋獲得證實。

實際上，金融商品在拓展業務時，困難的地方就是客戶對金融知識的落差太大。對於一般沒有跟證券公司往來過的顧客而言，直接推薦金融商品只會遭拒，因此就得從「為什麼需要跟證券公司往來？」這種最基本的意義開始來說明。這種顧客不但需要花上一段時間才能理解，而且很容易在理解之前就拒絕。但若是過去曾和其他證券公司往來，已經具備了產品知識，加上又有需求，事情就簡單多了。而且我們提供的商品或服務並不是像電話、複合式事務機或網路服務供應商這類，只能跟一家公司簽約。顧客同時和多家證券公司往來也沒問題，即使是不想和多間公司往來的顧客，面對股票、債券、投資信託的價值經常變動，況且負責的窗口也常會有職務調動，總之一定會有某些時候對現況感到不滿意。掌握到這套模式之後，我嘗試重點式進攻同樣有日興Cordial證券分公司的京王線千歲烏山站附近地區，果然也奏效了。

接著我進攻的是JR吉祥寺站一帶。包含野村證券在內的主要幾間證券公司，這一區都設有分公司，是名副其實的「紅海」，結果單單在這一區我也開拓了不少數量的客戶。當然，不是每個人都可以在紅海裡締造業績。如果我走的是靠人情、跑業務的路線，相信有數不清的業務員都比我更擅長；或者要比簡報的話，比我優秀的人也多得很。我想，我之所以能做出亮眼的業績，還是因為能夠徹底實踐假設型的業務方法，這種隨時能因應客戶調整出最佳化模式的業務員少之又少吧！但只要採用這種方式，就像我在序章提到的「直接從富士山的五合目出發」，事情就會容易進展了。

從這個角度來看，只要學會本書推薦的跑業務方式，或許無論在什麼樣的市場，無論提供什麼樣的商品、服務，都可以轉變為藍海。

有效提升清單品質的方法

就算想到什麼製作清單的好點子，要是立刻一頭栽進製作，其實很沒效率。千萬別忘記，在確認精確度之前，假設畢竟只是假設。

就像艾瑞克・萊斯（Eric Ries）在《精實創業：用小實驗玩出大事業》（*The Lean Startup*）一書中提到的ＭＶＰ（Minimun Viable Product＝最小可行產品），在建立關鍵性的假設之後，先做個小測試。要是一口氣就製作三千間公司的清單，等到發現效果不彰時，不但損失了很多時間，也會導致士氣低落。為了避免這類風險，先製作出能定量驗證出效果的最小單位（例如一百間公司）的清單，投入實戰來測試。我向來都這麼做，現在我自己的公司也這樣要求同事。如果在這個階段，櫃臺、總機等第一關的突破率或是E-mail的回覆率等主要ＫＰＩ比篩選之前明顯提升，這時再收集剩下的兩千九百間，一一接觸即可。

②收集資訊與建構需求假設

改善重點與流程

一般業務員在看到顧客清單的第一個反應，通常是振作士氣準備主動接觸。這很可能提供的是非常有效率的產品及服務，因此我並不否定這種作法；在金融業務的領域中，也有不少人崇尚「亂槍打群鳥，總會打中」的精神。在前面第一章也提過，在與客戶見面前，先準備好「模擬的答案」，這就是假設型跑業務方法的精髓。

此外，本書為了編排方便，將資訊收集與建構需求假設的步驟放在這個階段分解並詳細說明，但實際上應該在業務工作的各個步驟隨時進行。各階段的主要目的如下列所示，會有些微不同。

- 為了提高約訪率，所做的資訊收集及建構需求假設（接觸之前）。
- 為了提高訪談的效果，所做的資訊收集及建構需求假設（約訪之前）。
- 為了製作理想的提案，所做的資訊收集及建構需求假設（簡報之前）。

嚴格說起來，在前面的清單選定階段，也會建構需求的假設，但真正要進行「建構和資料收集密不可分的需求假設」，則是從接觸客戶之前。

就算目的有些微差異，要做的事情其實都一樣：如何有效收集外界的資訊，接觸之後如何引導客戶發言，更重要的是，只要持續啟動PDCA建立精確度更高的假設，可使用的模式就會自動增加，在每個步驟中的負擔也能隨之減輕。

收集資訊後，伴隨著這些資訊再事先建構起對方需求的假設，這麼做有兩項好處：第一，能夠讓對方容易信任，「這傢伙很了解狀況嘛。」第二，能在訪談時少花點工夫，盡快直搗核心課題。總之，對業務員來說，都能占有極大優勢。

有時將這些想法告訴從事業務工作的人，對方會很乾脆地回絕，「我們哪有那個閒工夫！」這些人或許是誤以為無論收集資訊或是建構需求假設都很花時間。

的確，一開始不適應時，可能得花點時間，但自己習慣的模式一旦增加之後，速度就能加快，在收集資訊上如果能使用理想的工具也能更迅速。換句話說，在保障量的同時，也能提升品質。

此外，也有人擔心，「萬一丟出來的假設弄錯了，不會把氣氛搞僵嗎？」

的確，萬一丟出個相差十萬八千里的假設，只會讓對方感到不愉快，因此如果是胡亂湊出來的假設，還是別提出來比較好。但若全部直接詢問客戶，又太離譜。這裡想要再次強調的是，從一合目登山口開始爬山，或是從五合目開始爬，到達山頂的「機率」與「速度」都不一樣。這是

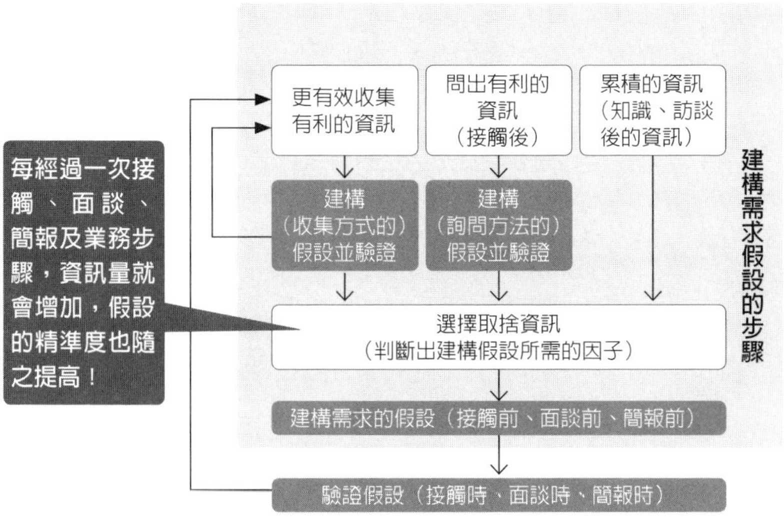
建構需求假設的步驟
更有效收集有利的資訊
問出有利的資訊（接觸後）
累積的資訊（知識、訪談後的資訊）
建構（收集方式的）假設並驗證
建構（詢問方法的）假設並驗證
選擇取捨資訊（判斷出建構假設所需的因子）
建構需求的假設（接觸前、面談前、簡報前）
驗證假設（接觸時、面談時、簡報時）
每經過一次接觸、面談、簡報及業務步驟，資訊量就會增加，假設的精準度也隨之提高！

2-2 收集資訊與建構需求假設的改善重點與流程

個愈來愈方便的時代，如果還堅持固守從一合目開始登山的傳統業務風格，弄不好可能一出發就已落後。

想從五合目開始登山，必須要先了解業界，研究過去的案件。平常不斷增加各種假設的庫存量，提高精準度，如此一來，即使假設有些誤差，也不會造成客戶的不悅，對方甚至反而認為「跟這人溝通很快」，多半會連細節都知無不言。況且，即使從一合目開始登山，客戶也未必能將自身的需求完整表達。應該說，多數都得由業務人員設想出適合的問題引導客戶思考，就這方面來說，也需要假設。

在與客戶的第一次接觸後，對方認為自己是「一般業務員」或是「看來有幫助的業務員」，兩者天差地別，業務人員應該要對這一點更放在心上。

不收集資訊就是不禮貌

在我開始從事業務工作的十年前，那時候還沒有智慧型手機。不過，這年頭就算是年長的經營者，用起平板電腦、APP或網路都很理所當然。或許因為這樣，若是遇到連基本公司資料都沒查過的業務員，愈來愈多人就算不至於顯得不耐煩，也會覺得有些空虛、落寞。

前陣子，有位業務員來找我。據說帶了好的提案過來，我想撥個十五分鐘也無妨，只不過對方劈頭就問起「請問貴公司有幾名員工？」「請問您是什麼時候成立公司的？」這類問題。

我倒不至於要對方去把我過去受訪的報導或在雜誌上的連載全都看一遍（若是我的確會這麼做），但至少也要先查一下公司概況的相關資料吧！難道只有我認為這是必備的功課嗎？這應該不用花上十秒鐘，甚至搭電梯的時候應該就能查完的吧！我認為在這個時代，沒這麼做，根本可說是太沒禮貌了。況且，照理說，業務員應該是打算來訪談聆聽客戶意見的，若連這麼基本的資料都沒掌握，我真的懷疑他的提案品質了。

若結果是統一性的提案公版，那麼我認為，這便不算跑業務而是宣傳。當然，宣傳不代表是壞事，但如果只是要宣傳，可以使用DM、網路，以及其他更多更有效的行銷手法。如果是為了跑業務的提案而來，希望業務員能夠先掌握好上網搜尋得到的資料，然後一來就丟出他的提案。比方說，從事人事方面顧問的業務員大概會像以下這種感覺：「我擅自事先研究了一下貴公司和社長，看到社長的經歷，覺得您真是深具領導魅力。在公司草創階段，想必都由社長親自提振員工的士氣，不過這幾年員工人數急遽增加，我猜想，莫非您在『如何推動組織化』方面覺得有些費神呢……」

要是對方一見面就這麼說，連我也會「哦！」感到驚奇。不僅感受到他事先仔細研究的誠意，同時也因為對方掌握到課題而讓我滿懷期待，認為他會有理想的提案。而且，要是接下來他提及的內容直搗核心，說不定我覺得面談時間延長個十五分鐘也無妨。

有助於建構需求假設的資訊來源

我試著將過去自己在第一線跑業務時使用的主要資訊來源列舉如下（【】內的是能獲得的主要資訊內容）：

- **公司網站、業界團體網站**【公司概況、產品與服務、新聞、IR資訊、組織架構、經營理念、沿革、負責人的話等】

公司網站是資訊的大寶庫。電話約訪時若確認是目標客戶，一旦約好之後，一定會看過所有公司的網站。

尤其若老闆兼任經營者的這類公司，在經營理念、公司願景、負責人的話這幾項裡，都會明顯展現出經營者的性格，經常能用來當作初次見面時破冰的話題。

・部落格．社群網站【目標對象目前的狀況、人際關係、個性、思想、夢想等】

當年部落格及社群網站並不像現在那麼普遍，但針對目標客戶，我還是會去查一下對方是否有帳號，有的話就會在約訪之前稍微看過。在部落格或社群網站上，可以了解一個人的興趣及個性，什麼樣的話題可以吸引對方，這些在建立假設時都能當作參考。此外，如果有共同的朋友或重疊的交友圈，也可以請其他人介紹。

要是我現在還持續從事第一線的業務工作，保證會常用推特（Twitter）、臉書（Facebook）、領英（LinkedIn）、Instagram等，作為獲取資訊的來源。

・演講、專訪報導、書籍【目標對象的過去、個性、思想與夢想等】

如果對方是知名的經營者，我會將他過去在各個媒體上的演講及訪談全部閱讀過。面對年長的經營者，可以稱讚他過往的種種事蹟；要是年輕經營者，則能聊聊他的夢想，對方應該都會很高興。

・企業資料庫【業績、往來對象、股東名單、紀念日等】

在日本，有日經資料庫、帝國資料庫、東京商工調查、公司四季報等不同的資訊來源。我自稱是「帝國資料庫狂」，從電訪階段就開始使用，每天都會上帝國資料庫查看幾十間公司的資訊。

另外，如果是真的很重要的客戶，我會使用需要每間公司額外付費後可瀏覽的資料庫。每個版本略有不同，但詳細資料庫內包括了公司成立的背景及實際上的財報，能夠獲得的資訊將近是一般資料庫的三十倍，不太可能找不出對方面臨的課題。

・登記謄本【高層幹部的自家地址、業務範圍等】

在日本的法務局，任何人都能取得公司或不動產的登記謄本（也可以透過線上申請）。如果是公司登記，上面還記錄了高層幹部的自家地址，萬一是很難碰到面的客戶，也可以利用這項資訊直接到對方住家登門交涉。

• **業界地圖**【業界排名（競爭）、市場規模、動向等】

能夠最有效取得客戶在商業上的信賴，就是了解客戶業界的資訊，跟得上對方的話題（例如：「最近貴公司的市占率一下子成長很多」）。為此，我一定會去察看日經或公司四季報這類宛如業界地圖的各項資訊。

善用通知功能讓資訊收集自動化

要提升資訊收集效率，很有效的一個方法就是善用通知功能。特別是針對沒有頻繁聯絡卻想要維持良好關係的潛在客戶時，這個方法更能發揮作用。

運用「Google快訊（Google Alerts）」這項服務，只要事先登錄關鍵字，就會自動幫你抓出相關的最新消息。比方說，在Google快訊中登錄潛在客戶的公司名稱或服務名稱之後，要是該公司發布新聞稿或是上新聞，你就能在第一時間知道這項消息。例如是首次成立海外分公司的資訊，你可以立刻打電話去祝賀，「進軍海外的公司，一開始面對外匯市場、開發在地，想必要費心的事情很多吧。」還可以直接提出課題（這就跟建立假設沒兩樣了）。

站在顧客的立場會心想，「這個業務員隨時關注我們公司的消息」，而且不只是來祝賀，甚至談到了接下來會面對的課題，對方自然容易聽聽你的意見。如果是私人帳號的臉書，被人不時跑去確認更新狀況，反而會令人覺得有些倒胃口；但如果是隨時掌握公司消息，我想沒有任何經營者會感到不愉快。

光是在Google快訊上登錄公司名稱這個小動作，就能獲得這麼大的好處，公司行號應該要多加利用這類功能。目前敝公司便陸續將金融業界及不動產業界中，主要往來客戶的公司名稱登錄到Google快訊上，由工作人員統整相關最新消息後，發布到公司內部的通訊軟體。此外，也可以到你認為具有潛力的客戶，或既有客戶的社群網站專頁上「按讚」，最新消息就會出現在頁面上，這是最基本的作法，也比較符合禮儀。

另一方面，將公司網站上最新消息的網頁登錄到ＲＳＳ閱讀器，也是有效的資訊收集方法。ＲＳＳ閱讀器就是將登錄網站更新訊息整合閱讀的一項服務。順帶一提，目前ＲＳＳ

閱讀器中，我用起來覺得最值得推薦的就是Feedly這個服務。

建立模式就能縮短資訊收集的時間

每天反覆進行資訊收集的作業，自然而然會了解該看哪些重要的地方，速度也會跟著加快。進公司第二年，我憑著一份顧客清單打電話約訪，通常按完電話號碼，我就已將基本資訊收集完成。

這是怎麼回事呢？其實我在打電話時，就先在電腦上準備好與顧客相關的資料庫搜尋頁面。撥打完電話號碼的同時，輸入該公司的名稱。等待接通的時間內，螢幕上就出現了該公司的基本資料，「您好，我這邊是野村證券，敝姓富田，麻煩請接○○社長。」在制式化問候的同時，瀏覽網頁上的資訊。「請問有什麼事嗎？」在對方也制式化的回應時，我尋找可用的題材。在這個階段需要的是用來突破總機第一線的資訊，主要的題材性質要讓對方感覺「已經研究過貴公司，打這通電話的目的是要提供有用的解決方案」。

基本資料上要看的地方和順序大致都很固定，像是營業額、員工人數、成立年月日、結算月份等。好比說，我在五月打電話約訪時，看到網頁上的資料是「六月結算」，就可以出這一招——「貴公司下個月要結算，我想談談這件事。」對方絕對猜不到我在電話約訪的背後，有一連串的作業流程。這正是拜ＰＤＣＡ之賜，因為能這麼做，我在電話約訪的速度和成功率上都突飛猛進。當然，這也是在模式增加之後才如此順利，一開始嘗試的階段也花了點時間。

經常有人說，現在是個資訊氾濫的時代。換句話說，這年頭如果認真想查，資訊來源多到數不清。在日本，國稅廳的網站可以查到「路線價」（譯註：主要道路旁的標準住宅與建築用地的每平方公尺價格），再運用Google地圖與街景功能，就能估算出經營者自家住宅的資產價值，有時候甚至連對方的座車都查得到（可以看出車主個性當作參考）。然而，仍然無法活用資訊的原因，只是出在不知道該擷取哪部分的資訊，這時需要的就是假設。

假設就是資訊的擷取方法。

以資訊為基礎建構需求假設

我查詢某間公司過去幾年來的業績，發現原先都能穩定獲得高利潤，這兩年卻連續勉強只有微薄獲利。

剛進入業務這一行時，我大概只會認為「啊，業界真是不景氣」。不過，進公司兩、三年之後，看到這樣的數據就會直覺地建構起假設。「微薄的獲利數據多半是調整之後的結果吧。很可能是一時調降自家股價，轉移到資產管理公司。既然這樣，客戶的課題說不定就是事業繼承。」當然，首次見面時若是提出這樣的假設，客戶也會大吃一驚。其他像是根據企業資訊建構的需求假設，還有以下例子：

- 「遭到收購之後，新的經營團隊引進其他行業的業務。」——或許期待著象徵改革的特殊提案。
- 「員工人數兩百人。」——看來有個龐大的業務部隊，成員的士氣管理可能會是一項課題。
- 「主要業務是債權回收及基金管理。」——資金調度的需求似乎很高。

• 「資本額有尾數。」——有第三者分配的跡象，可能對資金籌募比較敏感。

從部落格、個人網站上看到的經營理念，或是刊登在資料庫上的經營者興趣，從中掌握到「閒聊時提出這個話題應該能吸引對方」這類的需求，像這種程度的假設，人人都做得到（差別只在做或不做）。不過，若要建構經營課題相關的假設，就沒那麼容易了。這必須要把自己當作經營者，掌握包括該公司的事業規模、業界動向、總體經濟動向、稅務法務相關知識等各項資訊。話說回來，在實際操作之後，我的結論是該查的資訊量其實仍有限。

針對經營課題進行因式分解之後，我了解到基本上就分成「提高營業額」與「降低成本」兩種。如果是提高營業額的課題，影響的因子就限於組織架構、設備投資、行銷及業務、品牌創造、人員錄用等。就算加上經營者個人的課題，終究也脫不了「人」、「物」、「資金」、「資訊」幾項。

「既然這樣，我就把這個領域的知識全都學起來，可以跟經營者平起平坐地交談。」我一心一意只是努力學習。不過，這是因為我想開發的是經營階層的客戶。如果我是專跑開業醫生的業務，就會努力充實這方面的知識；萬一我負責行銷的對象是在工廠工作的中學生、高中生，我猜我會徹底研究他們的生活型態並加以分析，讓自己的想法能達到和他們同步的程度。

再說，我一開始建構假設時並不順利。做前一份工作時，我和總公司法人企畫部的某位前輩經常聯絡。對於洞悉法人的經營課題，他是箇中好手。有一次發現一間非常想開發的公司，我就打電話給那位前輩，請教他的意見。

「我找到這間公司，您覺得怎麼樣？」他聽了之後，上網查了公司資訊，大約十秒鐘之後，「啊，這個看起來是事業繼承哦。」立刻提出他的假設。另一方面，公司的伺服器中儲存了大量過去交易的資料。

對我來說，這也是眾多前輩留下來的知識見解。我在進公司第一年，很認真看過這些資料並學到很多。「原來有這樣的經營課題！」「這項商品是要在這種時候使用呀。」覺得看起來特別有用的內容，我就整理成檔案記下來，運用在隔天跑業務時並提高精準度。從頭到尾看過那些資料的，全公司說不定只有我一個。多虧了像這樣突然獲得許多高精準度的假設靈感，漸漸地，我光是看著公司資訊也能自行建構起一套假設。

一年之中每天跑業務，每天建立假設，回顧起來一定看出許多不同課題的類型，看得出課題的類型，同時也就能看出解決方案的類型。這些類型的數量可能比多數業務員沒有清楚思考下少了很多。或許大部分業務員都從未想過，要將業界所有的問題與解決方案的類型全部記下來吧！不過，業績傲人的業務員可是每天都為了這些而努力呢！

臨時造訪也能收集資訊

近來採取臨時登門拜訪跑業務的公司愈來愈少了，因此不知道有多少參考價值，但即使是這種方式，也能在當地獲得很多資訊，同樣可以藉此建構需求的假設。例如，針對公司跑業務時，經常會想要事先掌握員工人數吧。如果到處都沒有刊載員工人數，外加沒時間上網搜尋，我也曾用辦公室的空間大小來推算。以日本一般的辦公室來說，每坪約可容納〇・五名員工。如果是空間使用上感覺寬敞的辦公室，大概是以〇・二至〇・三人來估算。

或許有人認為，以目測坪數大小來掌握，只有專業建築工或不動產從業人員才做得到，但其實沒那麼困難。先抓個感覺上的標準就行了，因此只要了解自己每天上班的樓層大小，或是公司裡的大會議室，多準備幾套模式後，就可以到總務部詢問正確的空間尺寸。要是覺得特地去問總務部很麻煩，也可以記下自己從辦公室一側走到另一側是幾步後，再測量自己的步幅就行了。另外，近來很多辦公室大樓的網站也做得很齊全，會列出大樓裡每一層的空間大小，上網查詢即可。

如果是商業大樓的一整個樓層，最簡單易懂，習慣之後甚至從建築物外觀就能推測得出來。如果拜訪的辦公室有一百坪左右，而且看上去空間寬敞不太擁擠，在踏進室內的瞬間就能判斷員工大約有五十人。若是我，還能從這裡進一步估算出公司的營業額水準。

營業額規模是從成本估算來看的。每個業界的平均年收入不同，不過只要查過幾次就能理解。假設平均年收入四百萬日圓的行業，有五十名員工，每年光是人事費就要兩億日圓，再加上社會保險大概要多一成，就是兩億兩千萬日圓。

接下來，辦公室的租金也能靠前面提到的坪數來掌握。以杉並區來說，每個月的行情大概是一坪不到兩萬日圓，一百坪的話，每個月是將近兩百萬日圓，粗估一年就是兩千萬日圓。這些開銷再加上變動費用，一間占地一百坪、員工五十人的公司，應該能想像得到，以平均狀況而言，營業額會在哪個水準。由於每個行業每人的平均薪資、人事費率、勞動分配率等細項都是公開的，如果符合這些數據，就能進一步嘗試精確度更高的預測。

另一方面，也有必須到現場才能獲得的資訊。最好的例子就是公司內的氣氛。

如果感覺公司的氣氛凝重，員工超過一百人以上的公司，建構的假設就是以提振士氣為課題，在第一關和櫃臺人員接觸時，我會說「我今天是為了員工持股會的案子來的」，「我想來談談員工認股權的案子……」，「我帶了提撥年金方案的建議來」。好幾次因為這樣，對方就讓我見到負責人。在本書後面的內容會提到，通常一開始先提出對櫃臺總機人員本身也有利的內容，會大大提高順利過關的比例。

順利見到公司負責人之後，經過簡短的閒聊，「話說回來，員工人數拓展到將近一百名的規模下，組織階層也隨之增加，要管理每個人的工作士氣也很辛苦吧？」提出建構的假設，直搗核心。這時如果負責人的表情一變，認真了起來，就代表猜得沒錯。

其他得在現場才能獲得的資訊，就是掛在公司內的社訓或是啟發員工的海報。這些東西都能反映出經營者的思想與哲學，如果有時間聊天氣，不如主動將話題轉到這些方向，更能打動對方的心。例如以下的對話：

業務員：「冒昧說說我個人的感想。社長對於人才培育好像特別花精神吧？其實，剛才一進辦公室，我就看到牆上貼了啓發人心的海報，還有貴公司社訓的第一句話就寫著『企業取決於人才』。我想，對於員工教育花這麼多心力的公司並不多吧。」

社長：「或許吧。不過，這也是理所當然，因爲光靠我一個人什麼也做不成啊。」

（成功讓對方覺得「這傢伙很了解嘛」）

業務員：「太厲害了。不過，社長的理想既然這麼高，要提升到這個水準恐怕不容易，這麼多年來是不是也歷經很多辛酸呢？」（輕描淡寫提出假設）

社長：「就是啊！有些時候用一般的方式也未必做得好。」

這裡的重點就是要針對對方引以為傲的地方來稱讚，讓對方覺得「這個人很了解啊」，之後再輕描淡寫向對方提出需求的假設。如果正中紅心，接下來就能控制對話的方向，帶入自家的產品或服務了。

③接觸客戶的要點

改善重點與流程

在多數公司行號，包括電話約訪或臨時登門拜訪，這些接觸客戶的工作也是業務人員重要的任務。不過，基本上這是超過九成都會遭拒的步驟，很多業務員認為要改善這個步驟的話，會把重點放在改善談話術、簡報能力等這些看得到努力的作業上。

然而，就像我在「前言」也提過的，我之所以在自己跑業務的手法上運用ＰＤＣＡ，就是從接觸的這個步驟開始。原因是在野村證券時，業務人員第一年的評等就只看開發新客戶以及受託資產金額，於是我心想，必須要設法突破開發新客戶最大的瓶頸，也就是第一關的櫃臺及總機。經過摸索之後，我找到的答案是，「在接觸時該如何讓對方不覺得只是既定作業流程的一部分」。

換句話說，關鍵就在於如何減少「別有用心」（業務色彩），具體來說就像前面提過的，「收集資訊與建構需求假設」。其實沒調查得那麼仔細，但營造出「我很了解貴公司的狀況」的氣氛，櫃臺人員通常就會讓我見到公司負責人。這也是我最慣用的招數。當然，在接觸的步驟中能改善的不僅是突破櫃臺第一關的方法。

一般而言，接觸客戶的流程會如圖表2-4。最初的步驟是決定「要針對誰來跑業務」。

如果是針對公司的業務，我想很多人都只問了：「請問這項業務的負責

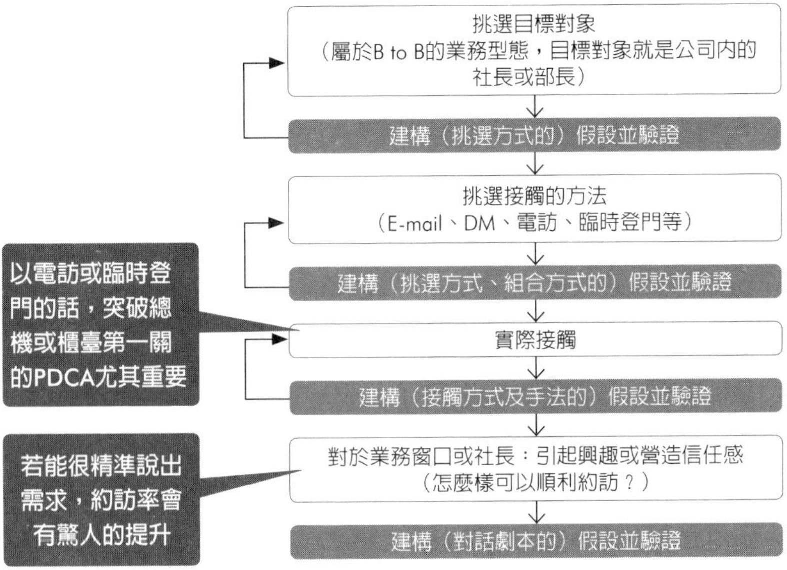

挑選目標對象
（屬於B to B的業務型態，目標對象就是公司內的社長或部長）
建構（挑選方式的）假設並驗證
挑選接觸的方法
（E-mail、DM、電訪、臨時登門等）
建構（挑選方式、組合方式的）假設並驗證
實際接觸
建構（接觸方式及手法的）假設並驗證
對於業務窗口或社長：引起興趣或營造信任感
（怎麼樣可以順利約訪？）
建構（對話劇本的）假設並驗證
以電訪或臨時登門的話，突破總機或櫃臺第一關的PDCA尤其重要
若能很精準說出需求，約訪率會有驚人的提升

2-4 接觸的改善重點與流程

窗口是哪位？」但我認為，基本上如果要跑業務，就要直接挑決策者進攻。愈是從高層進攻，能直接見到那個人的機會通常比較低，而且對業務員的要求也相對高；但反過來說，因為直接找上了決策者，成交率會高一些。因此，必須考量對照自己當下的能力，判斷出最理想的接觸對象。

接下來要決定採取哪一種接觸方式，例如E-mail、DM、電話訪問、臨時登門拜訪等等。由於手法五花八門，哪種客戶要採用哪種方式最理想，可以用PDCA來陸續增加各種模式。再來就是實際接觸了，這部分也有無限大的改善空間，書店裡跟行銷相關的書籍也俯拾即是。至於接觸的結果，如果成功聯繫上窗口負責人，之後就是短期戰，看如何能在有限的時間內約訪見面。

包含接觸的步驟在內，加上清單選定以及事前收集資訊等行銷步驟，從整體業務工作的步驟來看，工作量實在非常大。

不過，正因為這樣，在行銷領域中如何增加多樣化模式以及迅速處理，才更顯得重要。如果能做到，不但可以增加同時接受的顧客數量，在最花精神的面談及簡報上也能投入更多。

從決策者進攻

前面提到，如果面對的是公司行號，基本上跑業務的對象盡量找高層直接進攻，也就是決策者。如果對象是個人，我認為原則上同樣也要直接接觸能做決定的人。

然而，人要是沒有刻意提醒自己，就會不知不覺選擇輕鬆的路走。至於什麼樣的階級是「高層」，則視提案內容與公司規模而定。例如，敝公司針對金融機構提出大型的廣告宣傳案時，規定最少要接觸到負責專案的部長等級。像這樣製作成內部規定之後，業務團隊在接觸時會拚命找到目標對象。

如果將接觸對象的層級下降，會比較容易約訪成功，心情上也輕鬆許多，然後不知不覺就會變得想從低階人員進攻。例如，偶爾敝公司也會遇到這類狀況。明明一開始雙方經營者談好，引見了敝公司的業務員及對方的部長級人物，沒想到進入實務流程後，業務員卻是跟主任級的人講電話。在一次約訪之後還會這樣，更多人是在約訪之前，就不斷想要尋找更低階層的接觸對象。

其實我在剛進這一行時，有一段時期也搞砸過。面對超過一百名員工的公司，我第一次接觸的對象不是負責人，而是財務部門的高層。接觸負責人與高層的門檻完全不同，因此我突破第一線櫃臺總機的機率大幅成長，約訪率也提升，簡報率同樣變高了。不過，最後的成交率卻沒有改善，反倒還急速下滑。果然到了最後決定，還是需要公司負責人認可，但我並沒有直接針對負責人喚起對方的需求，失敗也是理所當然。

我記取失敗的教訓，之後基本上都是從高層接觸，萬一遇到對方說「先跟下面的人確認」，我才會去接觸層級較低的人（當然，如果所有案子都直接鎖定公司負責人，花的時間和效益可能不成比例，重點在於取得均衡）。這時還可以端出「是社長要我來的」這頂大帽子，通常很輕鬆就能見到接觸的窗口。

另外有一點是我在過程中發現的。倘若從高層進攻，一度經過回到層級較低者的過程，等到之後還有一級級往上的機會時，並不需要再去知會層級較低的員工。雖然是個很不起眼的好處，其實非常重要。

為什麼這麼說呢？如果一開始從層級低者進攻，逐漸往高層發展時，每一次開會，第一次接觸的低階員工都會以「專案負責人」的身分列席。然而，假設型跑業務針對不同對象會使用不同的對談劇本、喚起需求的方式，如果一次開會有多名對象將會很難聚焦，我並不建議這麼做。在這些場合的表達上，以誰當作主詞是很重要的。

我也想順便談一下跟這個有關的「理解方式」。首先，在表達時，要讓對方感覺到好處，與其用「在○○方面我能對你有貢獻」的說法，不如用「這麼做的話，你會在○○上有所得」的說法，效果比較好。後者刻意以「對方」為主詞，改變視角。前者的話，當聽者理解之後，還得轉換成「自己的角度」才行。相較之下，不需要轉換的後者則讓對方容易理解。

進一步說，一般人聽到「會有損失」的衝擊，會比「能得到好處」來得大。換句話說，與其說「見到我有好處」，不如說「不見我就虧大了」來得效果更強烈。就像經常有人說，「比起得到的正向，失去的負面更強烈」。因此如何表達非常重要，例如，「要是被其他公司先引進這項服務會是一大威脅」，或是「要付出比平常高百分之十五的成本，划不來呀」之類的說法。

初步掌控跑業務的關鍵人物

在開發新客戶的課題上，各位會想到哪些呢？例如在破冰階段無法讓對方敞開心房、無法營造與其他業務員之間的區隔性、不擅長簡報等，能想到的有很多。

這些課題主要都是實際與客戶面對面之後的狀況。不過，幾乎對所有營業員來說，在見到客戶之前，都無法突破櫃臺或總機人員。因此，我在入行第一年就將重點放在提升第一道關卡的突破率。如果是面對面，就是櫃臺人員，萬一對象是電訪一般家庭，就會是接電話的女主人或幫傭。就看如何能讓客戶卸下心防，願意傾聽你的提案。

平常大都採取電話訪問或臨時登門拜訪的跑業務方式但效果不佳的人，與其磨練自己的簡報能力或交涉術，不如把九成以上的力氣花在「如何突破櫃臺或總機第一關」。要是沒有改善這一點，就算花工夫準備簡報，也很難有什麼效果。

此外，若只使用ＤＭ，通常會直接寄給專案負責人，就要針對傳達方式以及如何讓對方容易詢問的機制持續驗證及改善。只不過很多公司仍然會配合ＤＭ加電訪的手法，這麼一來，其實就跟一開始得通過總機第一關的狀況一樣了。

提升櫃臺與總機第一關的突破率還有另一個很重要的好處。第一關的門檻通常與經營者本身的防禦力呈相反的關係。愈是業務員常上門的公司，第一關的門檻就愈高，經營者自身的防禦力就低。相反地，第一關防備較寬鬆的公司，代表經營者經常自己與業務員交手，防禦力也會相對較高。

比方敝公司的第一關就很嚴謹，偶爾有不小心沒過濾到的電話，我一接起來會心想「這哪位啊？」不經意就聽對方說了起來。正因為如此，鍛鍊自己突破第一關的技巧後，代表與防禦力低的經營者有交集的機會隨之大增，業績也容易突飛猛進。

接觸件數並非最重要的ＫＰＩ

「量」是重要的ＫＰＩ。業務員為了達到業績量，培養技巧、改善工作結構很重要，況且沒有足夠的經驗，也無法啟動ＰＤＣＡ。有不少公司應該會以接觸件數作為ＫＰＩ。

我在前一份工作的時期，也曾經為了提升數量，在家裡張貼負責的東京都杉並區一帶詳細的住宅地圖。我認為如果能記下地圖，跑業績會更有效率。然後每個週末都會選好下星期要走訪的公司，並且在地圖上做記號。

一週份的預定工作量包含將路線都先決定好，逼得自己「非做不可」。這種作法對於時間管理與士氣管理雙方面都很有效，有助於大大提升「量」。其實日本的住宅地圖在一般書店就買得到，上面每一間建築物都寫著公司或個人名稱。不過，如果就此認定「接觸件數（量）就是最重要的KPI」，那就錯了。這非常容易造成誤解，但我這麼說的原因是，如果櫃臺或總機的第一關突破率提升，接觸件數就會相對下降。

我在菜鳥時期電話約訪的速度，大概每七個小時聯絡一百間公司。不過，隨著跑業務的模式增加，容易突破第一關，接到窗口之後願意跟我多聊的公司愈來愈多，到了進公司第三年時，七個小時最多只能打給三十五間左右。

另一方面，有些同事一天能聯絡三百件，但這就證明了每通電話都沒機會講到什麼話。因此，我愈來愈覺得業務員的重點還是要以數據持續掌握整個作業流程的狀況。必須以整體步驟中的數據組合來驗證工作成果並加以改善。

我進一步將先前提出的所有步驟分解、驗證。在接觸到的公司之中，能和經營者說上話的有幾成？能和經營者說上話的公司之中，可以從經營者口中聽到需求的有幾成？在能聽到需求的公司之中，成功約訪面談的有幾成？我會像這樣持續追蹤這些數據（不少時候會在電訪時就提出需求的假設，正因為如此，在電訪前準備好收集資訊和建構需求假設非常重要）。而在看到整個作業流程時，如同我一說再說，櫃臺與總機這類第一關的突破率，才是業務流程中最大的瓶頸，只要多少有些改善，就會大幅改變成交數量連帶營業額代表的ＫＧＩ。要將接觸件數當作重要的ＫＰＩ，應該是等突破櫃臺或總機的機率提升到一個程度再說。

如何選擇臨時登門與電話約訪

我在第一線跑業務的時期，臨時登門與電話約訪兩者都要做。有些公司將電話約訪的工作全數發包出去，但目前應該仍有不少業務人員是兩種方式都得做。那麼，電話約訪與臨時登門該怎麼區分運用才好呢？

我會視客戶清單上的優先順序而定，優先順位高的客戶直接登門拜訪，其他的則以電話約訪來應對，兩者有明確的區分。由於我平常就以數據緊盯第一關的突破率（＝轉為潛在客戶的機率），比起電話約訪來說，直接登門的成功機率高了三、四倍。突破率高的原因，我認為是直接登門時，對方多半相對容易卸下心防。

話說回來，一般來說，業務在開拓新客戶時，有超過九成都是電訪。因此接到電話的人也會有種「怎麼又來了？」的心情，加上沒有面對面，很容易覺得就算態度不好，直接回絕也無妨。然而，電訪之所以仍是開拓新客戶的主流，就是透過電話遭到拒絕的話，心情上沒那麼沉重，而且很容易累積聯絡數量。

只是電訪也容易表達，但要是讓對方覺得「反正你只是拿著一份名單從頭打到尾」，被掛電話也很正常（因此重點就是，第一句話就要引起對方的興趣）。

另一方面，臨時登門拜訪跑業務需要相當大的勇氣，數量會比電訪來得少，相較於講電話時，對方多少會願意聽業務員說。但因為是臨時登門，未必每個人都高舉雙手歡迎，只是跟電訪時比起來，自己的時間感覺會多個十幾、二十秒。這樣的差距看似很些微，但若已掌握到假設型跑業務的精髓，有一套配合對方的說詞，就很容易突破第一道關卡。

	時間效率	轉為潛在客戶的比例	使用方法
臨時登門	×	○	重要客戶
電話約訪	○	×	非重要客戶

2-6 臨時登門與電話約訪的區分運用

突破第一道關卡的兩大類型

實際上該怎麼做，才能提高第一道關卡的突破率呢？接下來介紹幾個模式，無論採取電訪或臨時登門都可以使用。

首先，要了解一個大前提，第一道關卡的櫃臺、總機人員接受公司交付的任務，簡單說就是「如何排除外來入侵者」。因此，一廂情願強迫推銷式的跑業務等於妨礙對方的工作，當然就會被當作外來入侵者。

由此可知，在接觸第一道關卡時，如何排除這個篩選條件就是關鍵所在。我在踏入業務這一行第一年時就意識到這一點，持續啟動PDCA找出突破第一道關卡的致勝模式。結果，能成功突破的模式可以分成下列這兩類：

- 讓人感覺自己與對方（經營者或業務窗口）的相關性。
- 讓人感覺提案與對方的需求有相關性。

接下來，我簡單介紹這兩個類型的對話範例。

讓人感覺自己與對方（經營者或業務窗口）的相關性

「什麼樣的人不會被當作外來入侵者？」

就像念同一所大學的校友，或是出身同一個地方的鄉親，就不會被當作外人。人對於和自己相關性強的人，自然會有一股親切感。這也是在社交場合中與人攀談很自然的理由。只是在電話聯絡時，這樣的理由有些牽強，但在有相關性的狀況下聯絡，突破率也會多少提升幾個百分點，這點應該不難想像。

接下來就是找出相關性，實際在當場嘗試看看，留下反應特別好的模式存入自己的資料庫。比方下列幾個例子就是能讓人感覺有相關性的類型：

- 「之前在◯◯會上見過您……」（曾在公司同業聚會、演講會、結算說明會、投資人說明會等場合交談）
- 「之前也參加過◯◯會……」（出席同一個場合但沒交談過）
- 「我曾經拜讀過社長的報導（著作、聽過演講）……」

- 「看了社長今天早上的部落格（臉書、推特等）嚇了一跳……」
- 「我想來談一下貴公司客戶○○銀行的公開募資案……」（提到客戶營造相關性）
- 「我跟○○社長是校友，在校友會刊上看到他的消息，想跟他聯絡。」

下面介紹一個非常誇張的例子。

我認識一位很擅長與上市公司交涉的優秀個人理財業務管理者G先生，他在電訪時刻意不提自己的頭銜，當對方報上名之後，他就記下來，「哦，您是○○？我是G。請問社長在嗎？」他的絕招就是這樣的開場白。對方有些疑惑反問：「請問有什麼事嗎？」「嗯？跟社長說是G，他就知道了。我！保！證！他一定曉得啦！」堅持擺出一副熟朋友的態度。對方既然都這麼說了，這已經超出總機人員判斷的範圍，通常都會轉接給經營者。但社長當然不認識那名業務（就連他是不是業務也不知道）。

令人好奇的是接下來的發展。電話一接通給經營者之後，G先生立刻致上最深的道歉。「社長！非常抱歉！我是○○公司的G，由於無論如何都想跟您談談，不得已用了這麼沒禮貌的聯絡方式，對不起！」根據他的說法，「因為相較於正面突破總機的機率，社長接受道歉的機率大得多了。」一旦說出「講我的名字他就知道」這種程度的相關性，聽起來就覺得跟社長很親近。

當然，這個案例用了欺騙的手法，不該鼓勵大家這麼做。但我舉這個例子的用意只是告訴各位，在精進跑業務的路上，無論什麼人，到最後都得努力消除瓶頸，提高接觸的機率。

順帶一提，讓對方感受到相關性的接觸，在心理作用上也有很大的意義。因為只要無法判斷「是有關係的人？還是業務員？」身為總機人員就無法沒禮貌地掛斷電話。如果對於電訪的心理障礙大的話，就更有效果。

讓人感覺提案與對方的需求有相關性

若提案可以強烈符合對方的需求，讓總機人員覺得「不接給相關人員就糟了」，突破率就能大大提升。在前一份工作時，每當我在公司裡接到要轉接給主管的電話時，會先判斷是什麼樣的內容。從這個想法讓我推論出這一點。比方說，你接到一通證券公司打來的電話，對方一開頭就說：「這一週來匯率突然變動，造成很大損失，我想來討論一下緊急對策。」

如果不是對金融熟悉，很難理解其中的意義，話說回來，這已經超出總機人員判斷的範圍。況且，這番話也很容易讓人感受到似乎能解決公司經營課題。在這個時間點上，總機要是掛斷電話甚至還要冒風險，因為說不定會導致公司損失。當然，必須要提出這麼有衝擊性而且符合對方需求的解決方案才有效果，平常持續改善各種表達方式，自然就能找出多種類型的說法。

順帶一提，我靠著這種類型持續接觸從外國進口或輸入的公司，在當年的分公司也開拓了好多個相對規模較大的新客戶。當年因為雷曼兄弟風暴，日幣急速走高，與積極賣出遠期外匯合約的銀行有往來的公司，非常有可能都得承擔風險（實際上，當年確實有因為遠期外匯合約蒙受龐大損失而倒閉的公司）。在這樣的時代變化中也能想到很多說法與表達方式。

還有些其他的例子可以用來表達提案與對方需求的相關性，例如：

- 「我觀察到貴公司雖然很積極錄取新人，但員工人數並沒有增加，認爲離職率可能

很高。因此想直接跟社長談一下，明年貴公司該如何增加退休金、各項福利來因應……」（這項提案對總機人員也有好處）

- 「我這個案子會大大影響貴公司今年度的業績，我想直接請社長判斷比較理想……」
- 「我獲得一些貴公司客戶（競爭對手）的消息，想轉達給社長知道……」
- 「我看到貴公司前陣子的投資人說明會資料，提到了○○部分是一大課題，我想提供一些作爲解決方案的資訊……」
- 「我做了一份貴公司服務使用者的問卷，想轉交給社長……」

針對不同的產品與服務，該說什麼話天差地別，但在與總機人員交談之前，就要想好對方需求的假設以及解決方案，並且想好能讓總機人員理解的說法，其實有一定的難度。不過，這就跟實際簡報前的步驟要做的事情差不多，如果能加強這個環節，之後簡報的品質也會隨之提升。

直接聯繫專案負責人

就像第一章一開頭介紹過「撥打最末號碼差一號的電話」的方法，理論上，若總機人員或家人會成為溝通障礙的話，當然該想個能夠直接聯繫到目標顧客的方法。我也花了很多心思在這方面。我曾經查詢對方在社群網站上的貼文，要是看到「今天在東京展示場參展，會待上一整天！」我就會直接到會場找對方。此外，在從事前一份工作時，要是遇到很難找到交集的經營者，很多業務員會一大早衝到對方家門口交涉。要做到什麼程度，當然每個人會有差異，但我認為不能停止深入思考：「是不是還有其他選項？」

比方說，要採取E-mail接觸的方式，想直接寄信到公司的人事部卻無法立刻找到帳號。這時候也可以在網域（domain）（@公司名稱.com）前面換成「recruit」、「jinji」、「hr」等，用Google搜尋看看是否有符合的帳號。新加坡、歐美等地的辦公大樓保全非常森嚴，幾乎不可能臨時直接登門拜訪。因此，這些國家業務接觸的主流就是電訪或使用E-mail。雖然愈來愈多公司刻意以隨機方式產生E-mail帳號，但仍然有很多遵照「姓名@公司名稱網域」的組合。因此，先查過公司的網域，再跟該公司某個人換過名片的話，就能知道網域之前的規則，這麼一來就能直接發mail給業務窗口或經營者，也有業務員使用這樣的手法。此外，平常也可以在LinkedIn等商務社群網路上找到目標的負責人或經營者，直接與對方接觸。由於LinkedIn在日本並不普遍，這類的接觸手法可以在Facebook上進行。我和一些認識的經營者也會透過Facebook定期聯繫。這類方法規模雖小，仍要經過假設與驗證。

將交談的過程化為流程圖

有一天，公司裡的後進看我電訪客戶之後說：「富田大哥，你好會臨機應變哦！」面對不同對象的確有不同的切入方式，在他眼中覺得我是即興發揮吧。但其實這些並不是即興發揮，幾乎都是我預料中的對話內容。反覆多次之後，所有的臨機應變都能模式化。況且，我從一開始就準備了像圖表2-7的對話劇本，進行電訪。說是劇本，更像是事先定好要是對方這麼說，就這樣回應的流程圖。

這套流程本身是經過不斷反覆假設與驗證磨練而成。有了這套劇本，打起電話就不會手忙腳亂，腦袋也不必全速運轉個不停。只要一次多花點時間製作流程圖，之後電訪時就

1-1	總機接起電話	→	**讓對方認為是每次打電話的人，先以直球對決。**
			「麻煩請接社長。」
2-1	「請問有什麼事嗎？」	→	**營造出與一般電訪的差別。**
			①讓對方感覺自己和社長或專案負責人有相關性。 「我們在○○會上見過面……」 ②讓對方感覺提案與對方的需求有相關性。 「我獲得一些貴公司客戶（競爭對手）的消息，想轉達給社長知道……」
2-2	「目前不在座位上。」 「現在不在公司。」	→	**確認回公司的時間**
			「請問幾點會回來呢？」 （從這個問題的反應來確認是不是真話）
2-2-1	真話	→	**再次去電**
2-2-2	假話	→	**從總機收集資訊**
3-1	接通到社長	→	**確認是否與證券公司往來**
			「行情動向正在變動，其他證券公司的來電也增加了吧～」
4-1	有往來	→	**盡可能問到投資目的、投資對象、運用期間。可以引導出對其他公司的不滿更理想**
			「一開始與證券公司往來的目的是什麼？」 「在其他公司有哪些股票呢？」 「最近一波上漲行情是否有不少獲利？」
4-2	沒有往來	→	**讓對方感覺有好處**
			「我們提供針對公司行號的資訊，有○○的報表。」
5-1	有興趣	→	**約定時間**
			「想提供您一點資料，○○日或○○日方便撥出十分鐘左右嗎？」

2-7 電訪的對話劇本範例

能化為機械式作業，處理起來的速度也能加快。

從目標清單中移除的判斷標準

當然，經常會有費盡各種工夫、門檻仍然太高，始終無法成功接觸到設定目標的負責人。遇到這種狀況，除非是極度具備潛力，否則就會從清單上移除。是否還要繼續花心思經營，就以「潛力」、「交涉的工夫」、「成功見面的可能性」這三項要素之間的關係來決定。

我認為世界沒有成交機率為零的公司。然而，同時也有不少其他想要接觸的公司，因此若感覺某個目標花費過多時間，不如乾脆轉向下一個目標更有效率。

我認為，業務員的勝負就在於能在有限的時間內拿出多少表現。

④管理潛在客戶

改善重點與流程

無論多麼能言善道，如果潦草馬虎管理潛在客戶，仍然不算是個獨當一面的優秀業務員，而且很可能很快就碰壁。根據我自己的理論，管理潛在客戶的能力，大概會影響三成開發新客戶的成果。

跟我同一期的業務同事，有人做了潛在客戶的管理，最後卻沒什麼成果。簡單一句話，因為他有太多潛在客戶（有很多公司也稱「待處理客戶」），無法好好管理。他把潛在客戶的資料都用手寫記錄在筆記本裡，之後要查看時，光是要找哪個資料寫在哪裡都得花一番工夫，所以也沒什麼機會再去重看。

況且，花時間外出拜訪潛在客戶很好，但要是沒事先決定拜訪的順序，在時間運用上就很沒效率了。如果又是有提案期限的公開招募或獲利較高的債券類，就沒辦法很有效率地在號稱成交好機會時接觸對方。在這種情況下的潛在客戶管理只是徒勞無功。

管理潛在客戶的目的是要讓自己的時間運用達到最大效率，並且可以在適當時機主動提案。

潛在客戶的管理流程如圖表2-8所示，步驟上非常簡單。一開始要做的就是從數值目標反推，估算出需要的潛在客戶。

接下來就是將潛在客戶分為「短期」、「中期」、「長期」三個類別（「短期」指的是需求已經醞釀到一個程度的客戶，「中期」與「長期」則像字面所示，要打長期戰）。

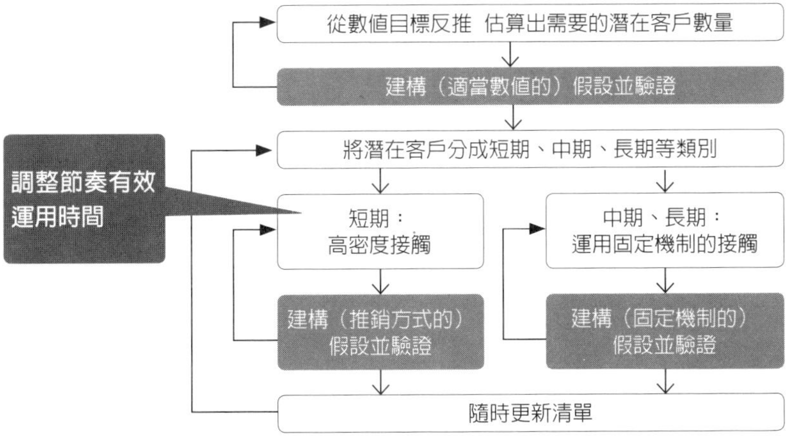
從數值目標反推 估算出需要的潛在客戶數量
建構（適當數值的）假設並驗證
將潛在客戶分成短期、中期、長期等類別
調整節奏有效運用時間
短期：
高密度接觸
中期、長期：
運用固定機制的接觸
建構（推銷方式的）假設並驗證
建構（固定機制的）假設並驗證
隨時更新清單

2-8 潛在客戶管理的改善重點與流程

接下來，因應短期、中期、長期客戶思考各自理想的接觸方式，付諸實行。特別針對中、長期的客戶，如何在不花費工夫下能維持關係，將大大改變省下的時間，這是需要積極改善的一項重點。

管理潛在客戶的重點在於分組

我是使用Excel隨時管理潛在客戶。這個大家都會做，但重點在於分組。

首先，為了控制總數在能夠管理的範圍內，把優良待處理客戶的上限設定在一百件左右，持續不斷替換。這一百件的數量是用自己的數值目標、平均單價以及成交率推算出來，

	短期（～2個月）	中期（2個月～6個月）	長期
股票	A社（IPO）	J社（主題股）	
債權	B先生（國內債） I 先生（大額外債）		
投信		C社（匯率選擇權）	
保險		L社（增額定期壽險9月結算）	D先生（終身）
不動產		G社（遊憩休閒土地運用） H社（事業用售出）	
營業租賃		E社（股價下跌）	
商機題材	F社（海外：亞洲）	K社（網路相關）	M社（資金籌募）

2-9 潛在客戶管理的分組範例

會因行業與經驗值而異。

在這一百件之中，以成交需要花費的時間分成短期、中期、長期三組。短期就是能馬上進行簡報的客戶；中期是一有顧客期望的商品或服務就能進行簡報；長期則雖然是優良客戶，卻連電訪等都束手無策的客戶。這項分組作業在提升時間效率上具有非常大的效果。

平常的業務活動中，有一大半時間應該要用在短期開發客戶上，要是對一百間公司都一視同仁，就無法做出區分。例如，若是期間很短的公開招募商品，推薦給沒有建立起關係的長期開發客戶的話，會損失很多時間。況且，雖說不可以不建立中、長期的關係，但若要勤於定期拜訪每一間公司，就會沒時間照顧到最重要的短期開發客戶。因此，我針對中、長期開發的客戶會盡量採取固定機制且有效的接觸方式。前文提供了實際的範例。由於證券業務負責的商品、服務很多樣化，就把預定要對哪些客戶做什麼樣的簡報整理出來，一目了然。

有效與中、長期開發客戶營造交集的機制

使用固定機制的接觸方式中，最具代表性的就是ＤＭ。以證券公司的業務員來說，最常見的就是「〇〇公司要ＩＰＯ，有沒有興趣購買呢？」或是「有免費贈送的稅金相關書籍，您有興趣嗎？」將這類ＤＭ附上名片送給客戶。有些同期的同事會自己投遞ＤＭ，但我認為這樣太沒效率，就委託公司裡的工作人員代送。像這樣善用其他人力的協助，也是時間管理的重點之一。

除了ＤＭ之外，我個人經常用的還有自製的郵件刊物。名為郵件刊物，其實就是從報章雜誌上收集、剪輯我認為針對不動產業界、建築業界或是外匯相關資訊等有幫助的資訊，以每兩週一次的頻率整理歸納的一份資料（金融業界如果要將商品、服務相關的資訊交付給客戶時，需要經過審查。但若只是提供資料，就不需經過廣告審查）。我會在這份資料附上名片，定期寄送給客戶。在日本，只要上網輸入「建設業界／新聞」，就會搜尋到「日刊建設工業新聞」、「建設通信新聞」等；輸入「不動產業界／新聞」則立刻出現「住宅新報」、「全國賃貸住宅新聞」等。這些在網路上也有部分資料是免費公開。所有

業界都會有一些專業性的報刊或是資訊網站，只要懂得運用就行了。

我之所以會擷取編輯業界的資料，就是從建構的假設想到的。「很多人拿到DM看都不看直接丟掉，原因是不是就出在不覺得是『為你準備的』呢？而且經營者多半都是大忙人，有人幫他們統整這些訊息，他們應該會欣然接受吧？」此外，如果針對一些重要客戶，希望對方一定要開封閱讀這些資料，那麼用平信郵寄的話開封率會比較低，我就寄限時信。雖然我自己沒用過，但用快遞的效果一定更好。這也是以建構的假設為基礎——換成是我的話，收到限時信或快遞時，一定會打開看看是什麼吧！

定期寄送自製的郵件刊物，還有個很重要的好處。

無論經營者有沒有讀過這些資料，業務員都可以很大方對櫃臺或總機說：「我經常提供社長業界資訊。」藉此加強「與經營者的相關性」，一舉提升第一道關卡的突破率。根據我個人的經驗，五個人之中大概有一個人看過，而那位經營者會很願意見我，「哦哦，經常寄資料來的就是你啊？」（尤其建築業的經營者反應都非常好。）我認為，應該要規畫出可以不斷運用的機制，以最省事的方法維繫與客戶之間的關係。

第三章

提高成交率的銷售步驟

⑤喚起客戶需求的訪談

改善重點與流程

這一章開始，要討論成功約訪之後，如何順利進入銷售流程的面向。最初的訪談過程跟其他步驟相較之下，自由度高了許多，因此業務員的個性、能力差異與經驗值會有比較大的影響，但還是有個大方向的模式。

第一次訪談時的基本流程大致如下：

1. 判斷對方的個性，在策略性的閒聊之中取得客戶在人性面或商務上的信任。
2. 提出準備好的需求假設，並適時修正。
3. 聆聽動態的資訊（整體課題與「為什麼想解決？」「想要如何解決？」的未來展望）。
4. 喚起客戶需求。

5. 聆聽靜態的資訊（預算等內部資訊）。

這五項要素每個都很重要，尤其是獲得在人性面與商務上的信任，這一點在其他業務相關書籍不太提到，我之後會更進一步解說。至於「訪談的目的？」則是第四項列出的「喚起需求」。

重點就是，若能讓客戶存著「請賣給我」的心理狀態，業務員就不需要拚命遊說，也不必減價。更進一步說，若能夠充分喚起客戶需求，甚至連簡報階段都不用使出過多拚勁（如果面談是由窗口階級負責，到了簡報階段才出現對方的決策者就

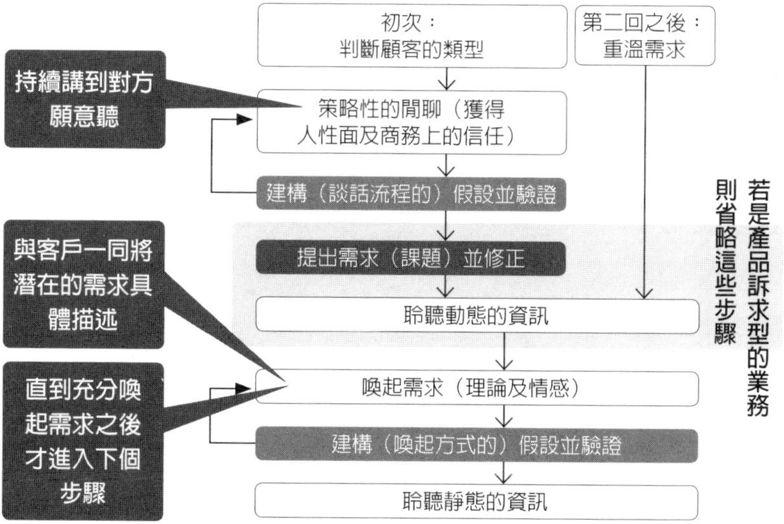

3-1 面談的改善重點與流程

另當別論）。

因此，基本上除非我已經確定充分喚起需求，才會進入產品、服務的簡報階段，在這之前會反覆面談兩、三次。也就是說，在第一次面談或許不會進展到第五項——聆聽靜態資訊，但也別介意。基本上起碼能夠做到喚醒需求，並能夠延續至下一次約訪，就算成功了。

無論是獲得客戶的信任，整理客戶的課題以及深入聆聽，這些都是為了喚起需求，有了這樣的認知，訪談的進行就會更有策略。

以策略性的閒聊自然而然進入主題

營造輕鬆的氣氛，讓客戶敞開心房的「破冰」。舉凡「季節」、「休閒娛樂」、「新聞」……等，有些人會從這類典型的閒聊主題外加食衣住行找尋話題，這也是很不錯的模式。不過，這若用在第一次的訪談，很容易就只是閒聊幾句帶過，相當可惜。

前陣子，有個金融機構的年輕業務員來找我。看到他，我想起從前的自己，並且很期待這位業務員會怎麼開口。

他好像看過我之前的書，一開始先和我聊起足球，因為他在學生時期也踢過足球，我們聊得滿起勁，但他瞄了一下時鐘，表情突然變得嚴肅，「……呃，言歸正傳……」語氣都變了。難得前面營造了和樂融融的氣氛，突然就被打斷了。

像他這樣提出對方興趣的話題，希望能獲得人性上的信任，這個想法絕對沒錯。我也曾經採用事先調查好保證能讓對方打開話匣子的話題，用在破冰階段。

不過，這種與正題完全切割的走向，就是人情型跑業務很典型的發展方式。要從和對方課題（相關的內容）距離不太遠也不太近的地方開始，然後在不知不覺之間切入正題。這是最理想的訪談。我把這種方式稱為「策略性的閒聊」。

如果要從足球切入的話，可以把話題轉到總教練，整合一個人人有個性的團體多麼不容易；或是轉向公司經營也可以，還是說到明星選手的鉅額年薪和運用方式，談談錄取優秀人才的困難、資產運用方面也不錯。要是從上述內容聊到節稅策略，說不定可以從球星梅西（Lionel Andrés Messi）在避稅天堂瑞士，為逃漏稅受到判刑的話題講起。

總之，最重要的是，不要讓流程被打斷。

兼顧人性面與商務上的信任關係

後面會再提到，該怎麼進展才不會讓對話的流程被中斷。在這之前，我想先說說人性面與商務上的信任關係。

所謂的人情型業務員就是因為「喜歡這個人」，也就是擅長以個性獲得信任的類型，但我的理念是要先以個性獲得信任之後，進一步希望對方也能再把我當作商業夥伴來信任，這就是我的業務員目標。其實，我的想法很單純，一來是這類業務員並不多，再來我認為光靠人性面的信任推銷商品、服務的時代已不復見。人性上的信任與商務上的信任，我用「信賴感」與「信賴性」來說明兩者的差異。

人性上的信任是「信賴感」，講求的是情感，好比「一定會做到底」、「盡全力做好」、「不會說謊」、「不騙人」這一類。另一方面，商務上的信任則屬於「信賴性」，講究的是「功能與品質」、「合理性」，像是「非常好用」、「不容易損壞」、「很方便」。

好比說，蘋果公司的產品有很多狂熱的愛好者，這是因為信賴感與信賴性兩者皆高的緣故。若是「雖然很喜歡但太常故障」這種，總有一天客戶也會受不了，或是「功能雖好，但實在不討喜」的話，只要對功能有任何不滿，就會立刻捨棄產品。業務員也一樣，想獲得狂熱的追隨者就必須兩者兼備，缺一不可。

我在進公司的頭兩年，埋頭開發公司負責人等級的新客戶，二十七歲晉升為私人理財業務管理者後，也負責開發資產超過二十億日圓的尊榮貴賓客戶。身為VIP的這些人，照理說直接由分店管理者或部長級的主管來服務也很正常，為什麼這些人會相信我這個毛頭小子呢？我想，應該還是自我調整的結果，配合這些老闆不同的類型，讓他們無論就人性上或商務上，對我都有一定程度的信任（當然，也可能是年輕業務員比較罕見，對我特別關照）。

泉田良輔在著作《未來的銀行該何去何從？》（Crossmedia Publishing）中，曾提到銀行與客戶的相關性。在討論究竟該用「人類」還是「機械（人工智慧）」來負責與客戶對話時，有人提出折衷的「哆啦A夢」。我心目中理想的假設型業務，要具備高度的問題解決能力，還要有貼近客戶的人情味，簡直就是哆啦A夢。

接下來，要獲得客戶對你在商務上的信任，就得成為該課題無可挑剔的專家。增加課題與解決方案的模式正是為此，而且還要能跟上業界的話題，幫助客戶彰顯出還沒發現的嚴峻課題。

關於人性上的信任感，有非常多溝通相關的書可以參考，我也不再贅述。在這裡只跟各位分享我心中特別重視的三項要點：

第一步：別做不讓人信任的事。

第二步：跟對方有共同的話題與體驗。

第三步：感受對方的價值觀。

接下來我會具體說明。

第一步：別做不讓人信任的事

思考「該如何獲得信賴」這個問題時，會發現因為不同對象有不同期待，而比想像中困難。不過，如果反過來想「什麼樣的人無法信任」，很快就能找到一些共同點。

前陣子，在公司裡請年輕員工針對「無法信任的人」這個主題發表意見，結果歸納出這幾項因素：

- 說謊的人。

- 愛遲到的人。
- 說別人壞話的人。
- 不跟別人打招呼的人。
- 長相兇惡的人。
- 表裡不一的人。
- 負面思考的人。
- 外表邋遢的人。

提醒自己不要做出上列事項，至少在某種程度上能夠避免有損人性的信任感。然而，實際上就連能夠做到這些的人也不多。「無法信任的人」的特徵，除了上述這些之外，要列舉多少有多少，有人能大言不慚地說自己沒有任何一項符合嗎？

要獲得他人的信任，原則上就是別做不讓人信任的事。這聽起來是非常基本的觀念，但實際上光是依循這個準則，無論是身為業務員或是商務人士，都會是很有力的強項。

做到基本原則之後，接下來再逐漸改善就行。如果覺得「自己長相太兇惡」，該要怎麼提醒自己笑口常開，看起來會和善一點嗎？或者認為「少不了問候」的話，可以保持愉快地跟人打招呼嗎？像這樣不斷捫心自問就會發現，即使再怎麼理所當然的事，一定還會有進步的空間。

此外，有一點我一直猶豫該不該寫在本書裡，就是最基本的觀念——要讓他人信任自己，最起碼還是要先信任對方。

這道理很難用邏輯來說明，而且確實有時候即使相信對方，事情也未必如願發展。然而，我仍認為自己的態度一定會讓對方感受到，不太會有人在覺得「這人怎麼搞的，怪怪的」這種狀況下還會信任別人。就算在商務上感受到利益，終究不會成為「狂熱的跟隨者」。「雙方的信任關係是互相的」，至少這個想法在我已經離開第一線跑業務之後，仍放在心上。

第二步：跟對方有共同的話題與體驗

要建立人性上的信任關係，第二步就是了解對方，和對方有共同的話題與體驗。

在前公司有一位優秀的前輩業務員常把這句話掛在嘴邊：「拜訪客戶時，若能進到社長室，一踏進辦公室的瞬間要先環顧四周。」據他的說法，從椅子、辦公桌、電腦、書寫用具甚至張貼的紙張等不明顯的小細節，都可以看出對方是什麼樣的人。最典型的例子就是車輛。經營者之中有不少都是車迷。

說起來我對於汽車的知識不算熟悉，但至少對於淩志（Lexus）、保時捷（Porsche）、賓士（Benz）、瑪莎拉蒂（Maserati）等高級車款的價位大概在什麼區間，以及有什麼樣的特色等最基本的資訊，都還略知一二。

比方說，同樣都是Lexus，「LS」系列大約是一千萬到一千五百萬日圓，「GS」系列就是五百到八百萬日圓，「IS」則是四百到六百萬日圓左右。先有這些基本認識之後，若是看到客戶開著Lexus，就不會只說一句「這輛車很棒耶！」而可以像是「外面那輛車是社長您的嗎？那輛LS您該不會是用現金買的吧……」如此便能讓對話有更多發展空間。

我之所以要記下汽車的基本知識，就是為了創造共同話題。完全沒必要成為太誇張的雜學王，但既然身為業務員，拓展知識還是很重要，尤其加強某些特定領域的知識，更會成為自己強大的武器。

此外，很多跟溝通相關的書籍上寫到的「尋找共同點」，也是永恆不變的原則。無論是同鄉、大學校友、擁有相同的興趣、有共同朋友……等共同點愈多，人性上的信任關係就愈深厚。

我也會上網搜尋經營者的興趣、家鄉以及畢業的大學等資訊，或是為了尋找共同點的靈感，我會比約好的時間提早十分鐘抵達，在對方的公司或住家附近繞一繞並收集資訊。

如果對鐵人三項有興趣，即使只是剛開始養成游泳的習慣，加入共同話題，就能產生共同的體驗。一起用餐、打高爾夫球，這樣更是強烈的共同體驗；共同體驗增加、深入之下，彼此間的對話更熱絡，也容易互有共鳴。這些都能維繫人性上的信任關係。

第三步：感受對方的價值觀

在建立人性上的信任感時，我認為最極致的程度就是感受對方的人生哲學與生活風格。若想真正獲得人性上的信任，必須經過喜歡對方、成為對方的追隨者等過程。只要更深入了解對方價值觀有哪些不凡之處就行了。在這之前，秉持的態度就是「業務內容什麼的都無所謂」。尤其如果面對的是老闆兼經營者的對象，經營理念通常就展現了這個人的價值觀。所以無論再忙，我都會在面談前打開該公司的網站，看看上頭寫的經營理念與公司願景。

在第二章裡也提過，如果我現在還在跑業務，一定會連各個社群網站或部落格都看過。這類像是工作上的堅持、對社會的看法、政治上的態度，以及未來的夢想等等，在過去可能得一起小酌過幾次才會了解的事情，現在大家都會公開讓全世界知道，若對這些公開的情報視而不見，實在太可惜。

此外，前面提過汽車的例子，其實從座車也能一探對方重要的價值觀。例如，駕駛價格在一千萬日圓等級的Lexus的話，「可能是重視功能」，開法拉利（Ferrari）的人「多半自我表現欲比較強」，開家庭款休旅車的人「或許非常重視家庭」。

當然，這樣推測經常可能落空，是不是能稱為「模式」還很難說，不過，總之先建立起假設，「假設自我表現欲很強的話，可以試著提起美國運通黑卡的話題。」然後觀察對方接下來的反應。如果對方反應不錯，就能一舉獲得信任；萬一沒什麼反應，只淡淡回了「這樣啊」，然後再修正路線就行了。

另一方面，有些人試圖建立信任關係，結果不管對方想不想知道就滔滔不絕說起自己的事情，這就完全搞錯方向。人會相信「願意傾聽自己的人」、「對自己的話產生共鳴的人」。而且，愈是能深入感受，信任程度也愈高。因此，能夠深入感受到對方價值觀的程度，帶來的印象也最深刻。正因為如此，業務員才需要不斷深入發掘「對方想說的話」，持續發掘，讓對方言無不盡。

不過，你還可將「對方想說的話」進一步分解。例如，如果經營者的辦公桌上放著看似孫兒的照片，當然這會是個對方想聊的話題，聊起來也會很開心。不過，其他員工、生意往來對象，還有其他業務員應該經常都提起這個話題，很難與其他人形成差異。因此，我通常挑選的話題是「對方想說，而且是平常不太會講的內容」。

如果用著名的「周哈里窗（Johari window）」（圖表3-2）來分類，左上角「開放自我」是孫兒的話題，左下角「隱藏自我」則是我最想達到的目標，或是努力想達到的領域。

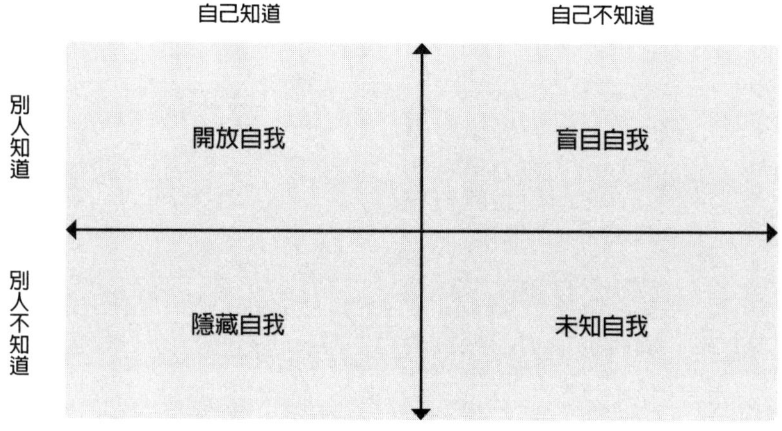

3-2 周哈里窗

如果對方是經營者，在「隱藏自我」裡頭，應該多半是經營上的煩惱。站在經營者的角度，面對部屬或其他經營者無法輕易示弱，跟家人討論工作上的事也很難獲得理解。不過，站在第三者角度的業務員，卻有可能順利切入這個話題。

自從察覺到這一點之後，我就持續努力想成為孤獨經營者的理想交談對象。前面提過，「經營理念」是最有效的談話內容，也是因為經營者通常在公司裡很少有可以深入交談的對象。一旦讓對方覺得「這些話不能跟其他人說，但可以告訴你」，你的定位就不再只是個尋常業務員了。

事先設想話題的發展

那麼，策略性的閒聊時，該從什麼樣的話題開始，又要如何流暢地進入正題呢？其實有數不清的形式。只不過，在個人相關的話題（比方座車）之後轉入正題時，會很容易突然斷掉接不上，要特別留意。如果事先準備好話題，設想好話題的走向最理想。

例如，從「汽車」講到「油錢」再講到「生產效率」。或者從「汽車」講到「稅金」

再進入「節稅策略」，像這樣準備好幾個不同的發展面向，在策略式的閒聊時就會更輕鬆愉快。如果光從公司、業界、經濟、景氣等商業性的話題切入的話，話題會很有限，也容易落於形式化。

下列準備的圖表3-3是從日本帝國資料庫取得的公司資訊，示範如何用這些內容為基礎發展話題，轉入正題。各位可當作參考。

這個案例是設定為金融機構有意開發以經營者階層為主的客戶，並不能套用在所有狀況，而且這裡介紹的只有一小部分，但各位至少要了解兩件事：一是將拓展話題的方式加以言語化，再來是事先收集資訊就能增加談話的契機。

行業	主業與副業的比例 → 提到市場的進展 →（正題）公司介紹等
公司名稱	由來 → 業務發展的方向性 →（正題）業務支援等
地址	決定的經過 → 是否有遷移的規畫 →（正題）遷移地點的斡旋等
成立年	成立的經過 → 是否有事業繼承的規畫 →（正題）事業繼承支援等
高階主管	確認任務分擔 → 確認接班人 →（正題）自家股票策略等
往來銀行	確認主要銀行及往來狀況 → 確認往來上的問題 →（正題）提議如何改善往來交易的方案
員工人數	員工教育的方針 → 是否有內部教育系統 →（正題）提議員工教育系統的方案
進貨廠商	確認交易狀況 → 掌握降低原價的需求 →（正題）與新進貨廠商斡旋
銷售客戶	確認主要銷售客戶 → 確認成長率 →（正題）介紹銷售管道
業績	確認過去二、三期的業績 → 確認經營計畫 →（正題）支援各項事業等

3-3 以公司資料為基礎來進展話題的方法（以開發經營者階層客戶為例）

此外，將正題代換為自己要推銷的商品、服務之後，每個話題會怎麼發展連結，我強烈建議以小組為單位，嘗試腦力激盪的方式來想想。這些想法日後一定都會成為團隊的資產。

除了公司資訊之外，我個人也經常使用時事話題來鋪陳，像是「失業率」、「景氣」、「年金制度」、「有效求人倍率」（譯註：徵才與求職的比率。數字愈高，代表勞力需求愈多）、「政治」、「熱銷商品」之類。尤其經濟新聞，同樣的話題會以週期性出現，比方從「失業」這個關鍵字怎麼發展連結到正題，多發想之後寫下來，之後會非常受用。

從看似最穩當的假設開始嘗試

策略性的閒聊結束後，就可以向對方提出需求的假設。此外，若在閒聊過程中獲得了新資訊，還得因應需求來修正假設。為了不要手忙腳亂，或是在提出假設之後落空而心焦，建議最少要事先準備好兩、三套需求假設。

準備多個假設時，很重要的一點是要將確定性最高的提出來。理想狀況是一句話就直接點出最關鍵的需求，但如果自己對這套假設沒有信心，就不該提出來。有些時候一開始提出的假設太離譜，接下來又提出錯誤的假設，反倒失去客戶的信任。

根據我的經驗，連續兩次提出錯誤的假設，對方就會認為「這傢伙根本狀況外」，便再也不願敞開心房。這麼一來就不容易進行更深入的訪談，要修正假設也會變得困難。

不要想著一上場就揮大棒擊出全壘打，持短棒打出短打、扎扎實實上壘比較好。如果能趁早說中對方的課題，就會成為切入口，接下來訪談的品質也會大幅提升。就算提出的課題對客戶來說不是最重要的，但只要指出的重點對客戶有幫助，對方依然會認為「這個業務員還滿可靠」。在這個階段這樣就夠了。即使不是從富士山的五合目，從三合目登山口啟程也可以。至於最重要的課題，在接下來的訪談中抽絲剝繭找出來即可。

況且，先在自己心中對這番假設充滿信心，再加上讓對方可接受理解的「事實」，到了這個程度才能真正打動人心，付諸行動。尤其若是刺激對方「還沒發現」或「仍然感覺很籠統」（尚未經過言語化）的需求或課題時，更需要這樣按部就班。

在為「假設站不住腳！」而心焦前，先確認幾點

不過，必須要有能力明確看穿假設是否真的站不住腳。當業務員提出假設後，若是當場沒有獲得對方很好的回應，除了真的是假設落空之外，還有其他三種可能：

- 對於問題的見解出現差異。
- 雙方在商務上的信任關係不足。
- 對於人性上的信任關係不足。

對於問題的見解出現差異

例如，提出「去年進行的組織改造很辛苦吧？」這樣的假設後，對方回答：「其實沒那麼辛苦。」當對方的回答是否定時，應該要養成「為什麼他會否定？」的習慣思考。

這也許是因為在組織重新編制前已經做好充足的準備，這麼說來之後也需要做好準備。也可能是因為之前有優秀的顧問幫忙，那麼未來也需要有優秀的顧問。就像這樣，常

會見到雖然實質上是「是」，卻因為不同的見解而出現「不是」的回答。

雙方在商務上的信任關係不足

重點就在於對方認為「跟這個人講了也沒用」。尤其經營者階級的人不喜歡浪費時間，更常有這種現象，對於認為不可靠的業務員就不願講太多。為了防止這種事情發生，必須趁早不著痕跡地讓對方了解自己在商務上的經驗。

從這個角度來看，在前面策略性閒聊的時間也是能夠不經意地表現自我，尤其年輕業務員更要提出經濟、業界動向之類的話題，這是讓客戶能對等或以超乎對等態度與你對話的有效手法。

對於人性上的信任關係不足

有時候一不小心激起對方的虛榮心，就算你指出的課題屬實，對方也可能硬是要說「不是」。說起來，這種狀況仍然是因為人性上的信任關係薄弱。

然而，偶爾就算雙方已經建立起某種程度的信任關係，卻太過直接問一些不方便說

「是」的問題，對方終究不會說出真心話。好比說，面對自尊心很強的經營者問：「領導力會是個課題吧？」這種問法就太冒失了。這時應該先大力誇讚對方的能力之後再說：「話雖如此，但公司成長到這個規模，難道不會偶爾出現管理面上的課題嗎？」重點就在採取這種溫和迂迴的態度。

釐清「理想狀態」的即時資訊

在與客戶訪談中，必須問出下列四項要素：

- 理想的狀態是什麼樣子？（看出目標）
- 現況是什麼樣子？（看出落差・課題）
- 落差究竟多嚴重？（了解痛點・認真程度）
- 認為該如何填補？（看出期待值與制約條件）

特別重要的是「理想的狀態」與「現況」。兩者的落差正是課題所在，想要以假設為基礎準備的課題更加正確、具體，就必須持續深入挖掘，問出「現況」及「理想的狀態」。

就公司而言，「理想的狀態」相對易懂。但要是對方是個人，要掌握「理想的狀態」就沒那麼容易了。就算知道對方的苦惱，不過想怎麼解決、為什麼想解決，還有解決之後要怎麼樣，這些事情不可能在第一次見面就全盤托出。況且，其實當事人多半都未能具體描述。汽車之王福特有一句名言，「如果問顧客想要什麼，他們大概會回答『想要一匹跑得更快的馬』吧。」在想法上也是同樣的道理。

有些深入的解決方案，客戶壓根渾然不知其存在，因為他們還沒察覺到最嚴重的課題。因此，在訪談時，我不太去聽客戶提到的那些表面上的內容。這時候的重點反倒在於觀察對方說話的態度，仔細看看對方是充滿自信或是手足無措，還是經過深思熟慮。換句話說，注意的不是談話內容，而是談話的人。在腦中努力思考，找出對方真正面臨的瓶頸。

我所設想最佳的提案，就是從以對方「心目中理想的模樣」為基礎所發展出的提案。想要實現這樣的目標，就必須與對方有深入的對話，而要達成這樣的對話，雙方無論在商務上或人性上的信任關係都要相當高。

喚起客戶需求的四大要素

接下來進入喚起需求的具體內容。

課題解決型的跑業務中，最後的簡報形式會出現類似「因為○○理由，你應該要購買這項產品」的建言。而對方對於這樣的因果關係接受程度愈高，就會湧現「無論如何都要買」的衝動。

談到「因為○○理由」這一點的重要性，說會影響商談結果也不為過。這一連串的作業就在喚起需求。這跟「可以購買這項產品嗎？」的「懇求型跑業務」是截然不同的接觸手法。那麼，什麼樣的建言會有效打動對方呢？

當年我還在第一線跑業務的時候，還不斷思考這個問題，讀了很多講跑業務和交涉術相關的書籍，針對暢銷的要素進行因式分解。最後我推論出的結論就是，喚起需求的方法有四項要素——必然性、效用、實現的可能性，以及迫切性——而且愈能滿足條件，成交率也愈高。

無論是開發新客戶、銷售人員，或是巡迴跑業務，都是同樣的道理。在思考銷售對話或是製作企畫書時，記得要盡量加入這四項要素。

必然性

因果關係之中，特別喚起對方不安的要素。

例如：不瘦下來可能會罹患文明病，應該要上健身房。

效用

強調因果關係之中，對對方來說有正向效果的一面。相對於必然性喚起的不安，效用喚起的是欲望。

例如：瘦下來就能活得老，所以應該要上健身房。

實現的可能性

像是「人人都做得到」、「保證能做到」、「不費工就做得到」這類降低對於購買（或使用）心理門檻的句子。塑身品牌「RIZAP」的廣告強打的就是「效用」與「實現的可能性」。

就算自己面對的課題以及因應的解決方案所呈現的效果多麼明確，萬一客戶仍有疑慮：「真的可行嗎？」或是「我做得到嗎？」很容易就裹足不前。

例如：這間健身房的瘦身成功率有九成，應該要加入。

迫切性

強調此刻簽約代表的意義。我進入金融業務這一行後立刻發現到，金融商品基本上多半迫切性都很低。也就是說，很多人都認為「資產運用的確很重要，但現在不做也還過得去，沒有馬上處理也無所謂」。因此，必須有個拉高買家優先順位的理由，才能成為推客戶一把的動力。

例如：就快到了去海邊、游泳池戲水的季節，應該要上健身房。

上述內容哪一項最能打動對方，視每個個案狀況而定。正因為如此，訪談時不僅要掌握現況，還必須仔細找出「心目中想要怎樣」，作為之後簡報的重點並特別強調。

相信有人認為，「有需要考慮到這些細節嗎？」但如果不特別留意這四項要素，看到客戶的反應之後，就無法像是「啊，對這個人好像有效」，或是「反應不怎麼好耶。啊，我沒有提出迫切性的需求」，而無法即時建立起合邏輯的策略。當然，從僅僅一次的面談中能學習到的也不多。

喚起效用時，讓客戶意識到「內在報酬」

前面簡單說明了四項要素中的「效用」，其實有很深層的意義。不同的效用會讓對方高興的程度天差地別，而我在從效用喚起需求時，一定會留意到的就是外在報酬與內在報酬。

所謂外在報酬，指的是獲得來自外界而且定量的，主要像是金錢或地位。至於內在報酬，獲得的則是內在自發且定性的，例如認同需求、價值感、充實感、自我征服的感受等。當然，在商場上不可能不講到經濟上的好處（外在報酬），但人的企圖心會不斷轉化為內在報酬。

例如，在資產運用的領域裡，最明顯的就是針對社會貢獻的欲望。運用資金與社會貢獻同時並進的社群金融（social finance）型產品（社會影響投資）市場，在這幾年迅速增加。在我擔任業務員的時代，大和證券也曾將南部非洲開發銀行發行的證券名稱改為「疫苗債券」（正式名稱為「預防接種國際金融基金」），當時營業額高達十倍左右。

此外，我也曾針對不論如何跑業務，也始終不肯購買產品的高資產階級客戶，嘗試推薦其地球暖化題材股的相關基金，對方很爽快就願意購買。由此可知，面對以外在報酬絲毫無法打動的人，若能提出針對滿足對方內在報酬的提案，不少時候可以很乾脆地成交。

成為和客戶一起解決問題的陪跑員

從提出假設到喚起需求，一直到簡報的這一連串流程中，我特別在意的是不要斬釘截鐵地說出答案，而是讓對方自己察覺。這是應用教練的方法。

要打動一個人並不容易。就算邏輯清楚地表達有哪些好處，但對方若沒有意願，最後一樣不會點頭。要是推薦的是高價的產品或服務更是如此。因此，無論是讓對方認知到課題，或是提出必然性、效用、實現可能性、迫切性，還是提議解決方案時，我都盡量採取讓當事人自行察覺的方式。在這種狀況下，可以使用「可能○○」這個萬用句。

「這裡可能就是課題所在……」

「要是可以改進這一點，可能就能成爲○○……」

這種說法能夠緩和表達，同時提出可能性，除了降低強迫推銷的感覺，並且藉由「可能是○○……您認為怎麼樣？」將問題交給對方，讓客戶本身有機會好好思考。

如果在經過一陣沉思後，對方出現這樣的回應——「嗯……有道理。沒錯，就是這樣！」就表示大大成功。在下一次的簡報中還可以說：「如同上一次社長提出的……」

此外，採取這種表達方式，就不會是一廂情願滔滔不絕的業務員，而當場成了和客戶一起致力解決課題的陪跑員。在這樣的狀況下，對信任感的產生也有莫大助益。

產品訴求型的跑業務不用喚起需求

本書主要在介紹「課題解決型的跑業務」，但其他當然還有「產品訴求型的跑業務」。產品訴求型的業務內容，指的是對客戶而言，很清楚是需要這項產品，例如必需品，或是產品本身具備極強大的吸引力。以證券公司的產品來說，就像推薦給高資產階層的IPO（新股上市）案件。

進行產品訴求型跑業務時，彼此能分享需求，因此喚起需求到某個程度即可，面談時的重點會放在「該從哪裡買？」「要買多少？」這類進入簡報階段的內容（實際上有不少時候是第一次訪談就進入簡報）。

產品訴求型跑業務在訪談時的流程，就跟面對接觸時的窗口負責人是相同的流程，例如：

「目前使用類似的產品嗎？」

「正在使用」……「對這項產品有不滿意的地方嗎？」

「沒有使用」……「想用看看嗎？為什麼——」

流程大致如此。

在喚起需求之後再詢問靜態資訊

預算、決策者這類因素我都稱為「靜態資訊」。相對地，會隨著狀況變化而搖擺，像是目標、需求、課題、解決方案等，跟PDCA有關的要素，我就稱為「動態資訊」。

比方說，走進一間服飾店，店員立刻詢問：「歡迎光臨，請問今天有多少預算呢？」任誰聽了都會想衝出這間店吧。然而，在跑業務的現場，真的有業務員在經過破冰階段後就冷不防地問起預算。這些業務員可能滿腦子想的都是簡報，一心一意只在乎「要問清楚預算」、「要問到誰是決策者」。在製作提案時的確需要了解這些，但如果在一開始約訪時就問，絕大多數的客戶很可能都不會回答。照理說，這類靜態資訊要等到充分喚起客戶的需求後再詢問。到了那個階段，可以定位成「為了好提案所需要的資訊」，客戶也會知無不言，言無不盡。接下來就列出清單，一一詢問即可。

不過，有些靜態資訊就算喚起客戶需求之後也不容易問到。最常遇到的就是競標時要問出競爭對手。對客戶來說，這樣的資訊就算說了對他們也沒好處，基本上會選擇保密。如果是這類資訊，其實也不是沒辦法問出來。好比說，如果業界很小，競爭對手有限的狀況下，「請問這次是不是也找了〇〇公司呢？」詢問之下，看看對方的反應就能立刻知道。

萬一競爭對手太多，無法使用這項戰術時，就說「想知道分派的負責窗口作為參考」，或是「想要避開和其他公司的提案重疊」這類聽起來讓對方感覺，獲得這項資訊能夠提升提案的品質。

這些小技巧也都能以假設為基礎來思考。

成功喚起客戶需求後再進入簡報階段

有很多業務員還沒充分喚起客戶需求，但卻在第一次約訪客戶就進行產品簡報。

每種產品、服務的狀況不同，但金額較高的產品實際上幾乎不會光靠一次的洽談就決定，況且還在互相試探的階段就貿然進入簡報階段，很容易得不到什麼成果。這種特性在金融商品這類價格變動大的產品、服務上，更是顯著。

當然，要進展到什麼程度也視約訪的前提而定。如果是你在介紹時，對方就表明「希望你來做產品簡報」的潛在客戶，或是在電訪階段已經充分聽取對方的需求，也可以在第一次面談時就設定成交目標（實際上真的很少見）。

我認為一些業務員之所以不太認真看待喚起客戶需求這個環節，是因為太在乎要增加簡報的數量。將簡報數量視為追求的KPI確實很重要，但以結果來說，更重要的是提高成交率，很多時候簡報數跟成交率是呈現相反狀態。用網路行銷的領域來比喻就很容易理解。

網路行銷中有「點擊率」（CTR，Click-Through Rate）、「廣告轉換率」（CVR，Conversion Rate）這兩個指標。在其他的網站上刊登網路廣告，在顯示的次數中連接到自家網站的比例就叫作CTR，而在進入自家網站的人裡面有登入或詢問的人數比例就是CVR。將這個道理轉換到實際上的跑業務時，CTR就是簡報率，CVR就是成交率。

想要提高CTR（希望大家多點閱廣告），就策略上來說，如果是橫幅廣告就放寫真偶像照片或是小狗的可愛圖片，報導式的廣告就放輕鬆易讀的文章。不過，要是內容太過輕鬆，跟喚起需求的目的相距太遠，就會導致與自家網站落差太大，使得CVR下降。

因此，就我個人而言，實在無法想像在跑業務時對喚起需求這個步驟偷工減料。我大都會在第二次的約訪時進入簡報，但要是雙方針對課題與解決方案沒有明確的共識，一般來說就會延續到第三次約訪。倒也不是不能在稍微有歧見之下提案，但我個人的結論是如果要追求確實性，最好不要輕易提案。

充分喚起客戶需求的狀態，就是客戶認為「拜託，請針對這項產品提案」的狀態。若是相關性低的產品，需求喚起不足倒還無妨，但相關性高的產品就得激起客戶有「想買！」「非買不可！」的情緒。

如果突破櫃臺、總機的第一道關卡是最初遇到的高山，喚起客戶需求就是接下來要挑戰的高峰。之後的產品簡報或是成交，跟喚起需求相較之下，不過只是「小山丘」。

或許有人認為「既然是看不見的東西，無法當作判斷基準」，不過只要還有疑慮，覺得「好像還少了什麼」時，就代表還不夠。

⑥簡報・評估的關鍵作法

改善重點與流程

從清單選定經過詳細的步驟分解，終於要進入最終的簡報。每一位業務員面對簡報都會幹勁十足吧。市面上有很多跟簡報相關的書籍，無論是資料的製作方式或是表達方式，如果覺得遇到瓶頸，參考書上的說明就行了。這裡想針對我認為重要的部分來說明。

要從最關鍵的重點來說的話，我認為「簡報」無非就是「為了解決對方的課題所做的簡報」，也就是要以解決對方感受最強的需求作為絕對條件。

話說回來，在前面不斷強調的「喚起需求」，就是要客戶將原先籠統的課題進一步具體之後，實際感受到痛苦、激動的狀態。從某個角度來說，在「客戶課題尚未明確」或是「尚未完全喚起需求」的狀態下，考量需要耗費的資源，最好避免在這個階段進入簡報。

動不動一味追求「簡報數」，即使提高了這項KPI，成交率也未必等比例提升。在這個前提下，來看看簡報與檢討步驟的模式。

第一步是簡報的準備，首先將之前靠訪談及資訊收集獲得的資訊與前提條件整理好。這時，偶爾有些業務員會將檯面化的多項課題同時列出來處理，但我認為將課題排出優先順序，劃分出「絕對該解決的課題」跟除此之外的內容，這一點很重要。

接下來是考慮因應對策，套用資料。或許不同行業需要更花心思的步驟，但無論哪一行，一定都會有「這樣的客戶有這類課題時用這個對策來因應最理想」的類型，同時能加以具體說明。想要增加對策類型，平常就得多學習業界知識。此外，在製作簡報資料時，只要有時間就要啟動PDCA。

實際上簡報的順序如下：

1. 從複習（面談時達成共識的）課題來重溫需求。
2. 讓大家看到課題解決之後可能達到的目標，大方向願景。
3. 陳述具體的執行策略。

這就是簡報的基本形式。

比方說，做針對海外投資的簡報時，敘述的順序就是從複習課題開始。「您目前持有的資產有百分之九十五都是日圓，為了因應日本的低利率以及財政崩盤的風險，必須採取國際分散投資。」

接下來提出「類似哈佛大學分散投資範本的投資組合，理想狀況下，您最後也會達到這樣的目標」，讓客戶看到解決方案的方向性，在引起對方的關注下，進入具體內容。「最終想要達到這樣的目標，首先就從貨幣分配來考量。具體來說，可以將日圓的持有率減少一半，將這一半分配成四成的美金、三成的歐元，最後三成就買新興國家貨幣。」最後的結尾要視對方決定評估或是能當場回覆，如果決定評估，基本上要設定一個時限。

如果回答是否定的，為了記取教訓，必須建立起遭到拒絕真正原因的假設，要是有機會再次挑戰，就能重新嘗試修正路線。

就算沒能再次挑戰，也要思考真正的原因，如果能在其他客戶的案子中試試看，重點是自己或團隊中要趁早累積「遭到拒絕時的類型與對策」來因應。

簡報的基本流程

對多數業務員來說，簡報這一步是準備得最起勁的一環，但就假設型的跑業務方法而言，前一個階段的喚起客戶需求才是重點所在，只要順利通過這一關，簡報本身很少會出現重大失誤（相反地，要是喚起客戶需求沒做足就直接進入簡報，簡報就會變得非常重要）。

另外，再提醒大家一點，「提案」的目的終究是「為了解決對方的課題」，也就是說，不存在的課題就不該在簡報中提案。

簡報時的流程如下所示：

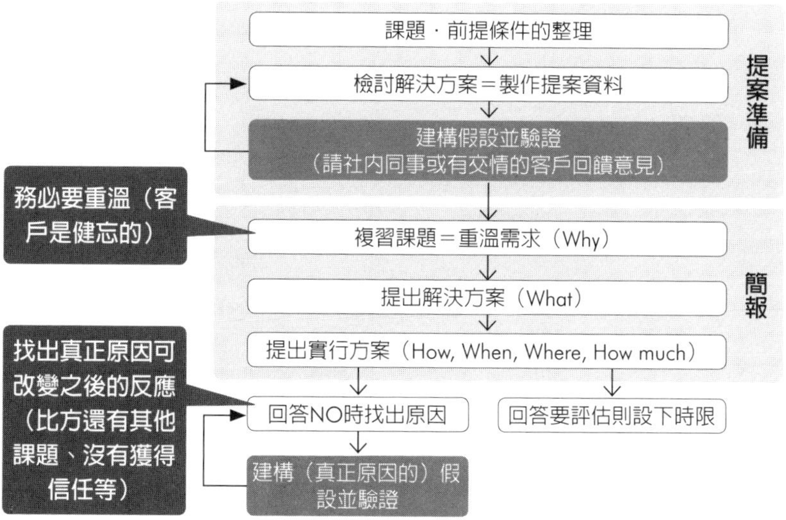

課題．前提條件的整理
檢討解決方案＝製作提案資料
建構假設並驗證（請社內同事或有交情的客戶回饋意見）
提案準備
務必要重溫（客戶是健忘的）
複習課題＝重溫需求（Why）
提出解決方案（What）
提出實行方案（How, When, Where, How much）
簡報
找出真正原因可改變之後的反應（比方還有其他課題、沒有獲得信任等）
回答NO時找出原因
回答要評估則設下時限
建構（真正原因的）假設並驗證

3-4 簡報．檢討的改善重點與流程

1. 複習課題（更加確定Why）

例如：客戶持有的資金中，日圓占了百分之九十五，為了因應日本的低利率以及財政崩盤的風險，必須採取國際分散投資。

2. 提出解決方案（更加確定What）

例如：目標就是能像哈佛大學運用的投資組合，有組織的分散投資。

3. 提出實行方案（更加確定How、When、Where）

例如：具體上將持有的日圓一半轉為四成的美金、三成的歐元以及三成的新興國家貨幣。

一開始先分享課題，讓大家知道「為什麼需要？」接下來提出「該怎麼做？」呈現出大方向的願景，最後敘述「具體上要做些什麼」。

這就是簡報的基本流程。

重溫冷卻的需求

經常會有明明前一次面談已經整理好客戶的課題並充分喚起客戶需求，但到了簡報當天，客戶卻已失去熱情，提不起勁。無論再怎麼能將客戶需求最佳化的顧問型業務員，在對方已經提不起勁的狀態下簡報，也很難打動客戶的心。

因此，進入簡報階段一開始，該留意的是重溫課題。在企畫書的開頭或是以口頭敘述，「前一次的面談中，○○社長曾提過，貴公司目前面臨的課題就是○○」，向眾人重申一次。人都很健忘，沒經過再次提醒很容易就忘了。重溫課題有多重要，只要自己站在客戶的角度就很容易理解。

握有決定權的人永遠都很忙碌。他們手上同時要處理好幾個案子，還會有突發狀況出現。百忙之中的一項工作就是與業務員的約訪。或許業務員從一大早就滿腦子只想著簡報這件事，但對於聽取簡報的人來說，多半是在約定時間之前才猛然想起，「啊！今天有一場簡報吧！」有些大忙人甚至等簡報開始還想著：「今天的內容是什麼？」無法立刻專心。正因為如此，就需要重溫。

「目前面臨這樣的煩惱，真辛苦。想必很不好受吧，您也想設法解決吧？」或是「只要這麼做，一年之後預估就能達到這麼好的狀況。」當業務員再次提醒客戶面對的課題時，對方就會想起先前的感覺，「啊！對了、對了！沒錯，的確很苦惱。」「對耶，這就是我的理想狀況。」

這一個小動作對我來說，就像是壓緊一個高彈性的彈簧一樣。彈簧按壓得愈緊，在公布提案時藉著反彈力道帶來的震撼就愈強。「解決方案就是這個！」

我經常跟自家公司的第一線業務員分享一個想法，「我們賣的不是產品，賣的可能是一項服務。說穿了，我們賣的就是『故事』。」正因為這樣，簡報時無論這是第幾次的商談，整個流程一定要讓人聯想到故事。每次商談不可能會記得前一次的事，因此務必要從「前情提要」開始。

說故事的方法

因為賣的是故事，簡報時要特別留意如何說故事。說故事，顧名思義就是用故事的方式來敘述一件事。

人在判斷一件事情時，會有理性的判斷軸（好、壞），以及情感的判斷軸（喜歡、厭惡）。當然，「又好又喜歡」最理想，但光用邏輯上的說明是行不通的。說故事的目的其實是特別提高在情感面上的共鳴。

具體上來說，某間大規模人事顧問公司是以這樣的說明來區分：

- 說故事——「敝公司過去面臨組織瀕臨崩解的危機，於是發現到人事的重要性。」
- 理性說明——「該引進人事顧問的三項理由是……」

像這樣敘述的方式，就能同時獲得共鳴與理解。

接下來，故事還分成下列兩個種類：

- 課題解決型的故事——客戶的現況接下來會如何發展的「未來的故事」。
- 產品訴求型的故事——產品開發背後的故事、歷史，以及過去客戶案例等的「過去的故事」。

一般來說，講到「說故事」，多半指的都是後者。實際上，因應消費財、必需品的商品訴求型跑業務模式經常使用這種手法。因為在普遍偏向情緒的判斷中，必須讓客戶在其他大量的選項裡立刻做決定。電視廣告之類的宣傳尤其重視這一項，務求充分展現品牌的歷史、形象，以及產品的珍貴性。

話說回來，在課題解決型的跑業務上，「故事」也是個非常重要的因素。將使用者「理想中的自己」或是客戶「理想中的公司」和目前的落差結合，以故事的形式提供如何解決課題的方法。「若能依照這樣的順序使用這項產品或服務，就能達到心目中的樣子」將使用者的光明未來與當下的現況結合。

例如前面提到的人事顧問公司，在面對客戶，也就是經營者時，你可以問道：「看到員工什麼樣子，會讓您感到幸福？」從這個問題開始打造故事。如果對方是經營者，從公司經營理念或是經營策略套入，比較容易與故事連結。

另一方面，如果對象是一般員工，升職的故事、受到主管認同的故事、在同事中業績出類拔萃的故事都比較易懂，但如果能問到這名員工所重視的想法、價值觀、理想樣貌的話，最好能與這些結合。

實際上在打造故事時，從現況分析對方擁有的強項與弱點，將客戶的強項當作該強調的重點，想想接下來該如何發揮；至於弱點則需要改善，而且就自己相關的部分該怎麼解決，從這些觀點來整理故事的脈絡，會更有說服力。

此外，在簡報故事時，過程中準備幾個「問題」，會更容易讓對方了解。所謂「問題」，例如：「想要讓貴公司三年後達到零離職率，需要什麼樣的條件呢？」「在什麼時候，員工會在一瞬間感受到『公司很重視我』呢？」類似這樣，在故事中推論出重要的主題。像這樣以「問→答→問→答→問……」建構起整場簡報，會令人印象很深刻。

所謂簡報順利的狀態，指的就是滿足下列兩項條件：

1. 簡報的內容能令人充分了解，「足以讓對方向其他人說明」。

2. 整場簡報讓對方感到心情雀躍。

尤其1.是最基本的標準，更進一步到2.，要讓對方的情緒雀躍、激動，否則很難打動人心。正因如此，才需要在理性說明之外加入說故事的威力。

攻勢簡報與守勢簡報

「老闆兼經營者」、「專業經營者（受雇社長）」以及「高階主管（部長）」，三者在掌有大權這方面算有共同點，但因為立場完全不同，真正有感的話也不同。面對這三者，簡報的方式和內容可以分成攻勢、守勢及中間路線。要打動老闆兼經營者就要用攻勢簡報。

「引進這個的話，就能比其他公司領先一步！」「目前還沒有人這麼做，不如率先帶領風潮吧！」類似這樣，灌輸公司會愈來愈進步的印象給老闆非常有效。先聽聽對方的目標，如果為了加深對方對現況的危機感或是對未來願景的渴望，而必須投入大筆金額製作簡報，就將它視為投資，一決勝負。

面對老闆兼經營者，要採取解決經營課題型的跑業務時，除了表面上課題解決的步驟之外，如果能釐清對方為什麼想要解決經營課題，也就是在提高課題背後的動機與熱情的狀況下說明，就更加理想。這麼一來，就會產生推動經營者的動力。

反過來說，業務負責人、部長級人物容易被守勢簡報打動。這些人多半不想要惹惱上面的經營者或高階幹部或是受到負面的評價，通常是以減分方式來思考。因此，面對「其他公司也引進了，要是錯過這個機會恐怕會跟不上」這樣的理性說法，會有比較好的反應。如果是考評制度很完善的公司，提出讓業務負責人提高考評結果的內容也很有吸引力。

專業經營者就在這兩者的中間。他們雖然受到委任做出經營決策，仍有義務向老闆也就是大股東報告結果。萬一出了差錯，在股東大會上追究起經營責任，說不定還會遭到解聘。因此這些人在促進公司持續向前的同時，對於太大的風險多半還是消極以對。

與客戶是對等的關係

前陣子敝公司的夥伴到某公司為高層簡報，於是我也久違地站上第一線陪同出席。直接講結論，我對於同事不自然的簡報方式有種懷念的感覺，因為實在有太濃厚的「業務感」。想當初我也曾經像這樣，用滿口業務話術的方式講話。動不動就是「請務必讓我們全力支援！」「請務必交付給敝公司！」開口閉口都是卑微低姿態的表達方式。

這樣的用字遣詞其實有很大的影響，甚至會左右客戶的決定。站在客戶的立場，一聽到充滿業務感的話，瞬間心都涼了大半截。即使原先沒什麼特別感覺，聽了簡報之後很單純覺得「想要購買」，但業務員一旦散發出業務感、強迫推銷感，很可能會讓客戶有一種「看在你的面子上也可以買」或是「就專程聽你講一下吧」，這麼一來，恐怕在接下來一些細節上的決定，會讓業務員陷入不利的局面。要判斷出談話中的「業務感」有多濃厚，有個最簡單的方法，就是看簡報時的「主詞是誰」。

用前面我同事的話當例子，他是這麼說：

「請務必讓『我們』全力支援！」

「請務必交付給『敝公司』！」

整句話似乎用了許多謙稱，實際上不斷傳達出「希望你購買」、「希望你簽約」的傲慢。這麼一來，言語上再怎麼低姿態也沒用。一般業務員多半誤解了這一點。我們是為了協助對方解決課題而提供想法，而不是以想要推銷的東西當作提案。希望各位不要搞錯這個大前提。

正因如此，在表達上應多提到以對方為主詞，甚至有些誇張都無所謂，這樣的簡報比較能讓對方了解。在聽別人說話時，聽到的不僅是內容。「為對方著想」的心情並非是精神論，實際上不僅靠言行，而是要「全身上下」都來表達。

另一方面，講到建立對等關係的意義，業務員充分展現出某個領域的專業，讓對方認同也很重要，尤其像是金融或不動產這類資訊專業度較高的領域。因此，在尊重專業的同時，對方也會要求業務員要有身為專業人士的舉動。盡量讓自己獲得客戶重視，甚至稱自己為「老師」，這麼一來就容易掌握主導權，客戶下單的機會也提高，下單的金額更是大不相同。

簡報之後的「目標對象訪談」

「提起什麼樣的話題，會讓對方感覺期待又雀躍？」
「用什麼樣的動作和說話方式會增添說服力？」

前者說的是「內容」，後者指的則是「表達方式」。簡報就是由這兩項因子構成。認真講究起這兩點，連帶著會提高言談打動人心的精準度，但難的就在驗證。有些人會找同事扮演客戶，藉由模擬簡報來加以改善像是「眼神飄忽不定」、「聲音太小」或是「有些小動作令人分心」之類的表達方式。

不過，內容是否理想，就得靠資深前輩或是平常習慣實踐假設型跑業務的同事來判斷，否則很難看得出來。更重要的是，參與模擬的同事畢竟不是目標對象，本身對於該領域的課題體認與客戶也大不相同，的確有很多無法驗證的地方。因此，我要是有機會向熟客簡報新的金融產品時，結束之後都會再次確認，「剛才這些內容對您有吸引力嗎？」或者「今天這些內容有沒有哪裡不清楚的呢？」

PDCA中的C（驗證）一項，沒有比向當事人直接要求回饋的準確度更高了，要做的事情其實跟服務開發時針對目標對象所做的使用者訪談完全一樣。

使用者訪談的目的，是為了防止像是服務提供者認為很好，但使用者覺得並不重要，或是避免漏掉其他課題而進行的。「這項服務保證可以讓客戶感到滿意！」像這樣過度自信，完全不聽使用者心聲下開發的服務，據說有超過九成都以失敗收場。由此可知，使用者訪談是服務開發中很重要的一環。

「業務模式」也是一種服務，一廂情願建立起模式後過於自信，很可能會嚴重誤判情勢。

未來的業務工作會像是協調人員

這裡來談一點根本上的觀念。

前陣子有位熟識的女性資深證券業務員說：「我工作的價值就是在做像是協調人員的事。」我認為她說得非常中肯。

好比說，我們要買一套家具時，一上網就能一邊比價，一邊購買各式家具。不過，如果是房間的裝潢布置，就必須由當事人來做才行。即使每一件家具各有魅力，但整體上混雜了日式和現代風格或是調性不一致，很可能導致房間給人不舒服的感覺。

我想說的是，光是「部分最理想」是無法實現客戶的幸福生活。重要的觀點是「整體最理想」。只要從事業務這份工作，就必須不斷追逐著數字，但我個人不喜歡「能賣就好」的想法。會思考「以銷售來讓顧客面對的課題獲得解決，這才是目的」的業務員，我認為一定有其價值，也會獲得客戶的信任，而當以整體最理想為目標時，也會加入情感。這份工作正因為是人才有的價值。

好比說，在資產運用的領域中，美國有很多是運用「目標導向型資產管理」的方法。

由於是以「資產運用是為了達成人生目的而存在」的前提，這項方法的特色就是會先在訪談時提出「你的人生目的是什麼？」這個問題。提問之後，再從這個目的反推估算如何運用資金最理想，思考之後再行接觸。話說回來，人生的目的這類真心話必須在人與人之間有深入溝通，以及信任關係之下才會說出來，這也是類似協調人員的性質，堪稱一種理想的業務員形象。不僅個別解決客戶的問題，最後更連客戶的未來會是什麼模樣，都能有如此宏觀立場的故事，這才是新世代業務員該有的觀點。

一定要訂出評估的時限

前面提到人的熱情一下子就消退，當然，也有人在聽完簡報之後，心就立刻涼了，因此當客戶在簡報結束後說「讓我們內部再評估一下」，這時一定要訂出時限。訂下時限讓簡報具備稀有價值，這些都是令對方迅速做出結論的重點。

如果是金額較大的案子，就算直接向經營者推銷，很可能也必須經過公司內部（或是家人）的同意才行，這也無可厚非。要是硬逼著對方做出判斷，「請立刻決定！」這樣顯然太沒禮貌。然而，要是不訂個明確的期限，恐怕會等到天荒地老，而且時間一久，對方的熱情也會消退。通常經過一星期之後，對方的意願大概只剩下提案當下的一半了。因此，最好要有從簡報結束的階段開始，每經過一秒成交率都在下降的認知。

一般來說，設定的期限若是金額小的案子是三、四天，金額大的話以一星期為準。「可以請您明天回覆嗎？」像這樣太過緊迫盯人會留下不好的印象，但花上兩星期也太久了。除非是大公司得經過每個月一次的審議才能做出結論的狀況，否則正常的資訊收集、公司內部調整等作業都不需要兩星期。不過，萬一看起來可以當場決定的狀況，對方卻說「要再評估」，很可能就是禮貌性的拒絕了。

隱藏在「向上頭請示」背後的第二個意義

花了時間做完簡報，對方的業務負責人說：「我會再向上頭請示。」再也沒有比聽到這句話更教人難過。讓人忍不住懷疑，這段時間究竟算什麼。不過，事實上多數業務負責人並沒有考慮到對方的時間。

如果是決策者在上位層級的案子，從訪談到簡報，你都未曾與決策者直接交涉，那麼根本不能稱為是「達到簡報的水準」。決策者是誰，這類資訊早在靜態資訊訪談時就必須明確問出來，一旦知道了，就該直接提出要求，「那麼，可以請社長（或負責的高階幹部）撥出點時間談談嗎？」業務員的目的是想幫助對方解決課題，簡報也需要花費不少成本，實在沒必要將姿態擺得太低。

話雖如此，要求上位者出席之前，必須先跟窗口負責人建立穩固的互信關係。如果讓對方認為「這個業務員不怎麼樣」，或者「反正也不會有什麼像樣的提案」，那麼要對方請高層空出時間，說不定事後還會被挨一頓罵。在這種情況下，「要向上頭請示」就代表拒絕的意思。也就是說，要在首次接觸的階段就能精準判斷出對方的課題，讓對方留下好印象，覺得「這個業務員跟其他人不太一樣」。

只不過，確實有些棘手的狀況。當提案內容與業務負責人以往的作業方式與方針有落差時，業務員的提案內容愈是客觀呈現，反而愈顯得負責人沒有做好分內的工作，也使得負責人很難向主管呈報。在這種情況下，負責人同樣會堅持要「向上頭請示」。不過這類狀況已經不是提案的正當性或是價格合理性的問題，唯一的關卡就是負責人的顏面。實際上，這類業務負責人還不少。因此，愈是諮詢能力強與自尊心重的業務員，一遇到這類障礙就變得意氣用事，陷入無意義的消耗戰。這實在沒什麼建設性。要擺脫膠著狀態，只能靠業務員改變表達方式。

具體上來說，講到簡報的內容要避免使用「當然要做」的說法，最好以「現階段還沒做到也是理所當然」的前提來鋪陳。例如，帶著網路行銷的提案向之前完全沒有採取任何策略的業務負責人建議時，可以表示，「我了解一開始打穩經營基礎是很重要的，不過，目前也到了差不多該重視品牌重塑的階段。」像這樣先有個鋪陳，就不會有損負責人的顏面，請高層來參加討論也更有意義。

反過來的例子——「要跟下面確認一下」，也就是跟經營者談過之後，對方表示「請跟接近第一線的部屬（部長）談談」，這種狀況也要多注意。

尤其在提出新的業務方針，或是引進長期性金額較大的服務時，很容易出現這類狀況。跟經營者談過之後，對方也表現出「做吧！」的意願，讓業務員鬆一口氣，結果一到了下面的高階主管或是更下層的部長階級時，突然沒消沒息，經常到最後沒能順利成交。

「老闆都說衝了，怎麼沒人要動啊！」業務員縱使忿忿不平也無濟於事。遇到這種狀況，必須要徹底釐清對方的考量。

經營者、高階主管、部長，以及下面的業務負責人，各自眼中的世界都不一樣。經營者特別喜歡時間軸拉長的規畫，多半也會通過這樣的提案。比方說以一年後、兩年後這種規模的新策略。然而，層級愈往下，就愈來愈短視。這並不代表業務負責人的好壞，而是單純因為交辦的業務不同而容易出現的現象。

高層主管容易注意到半年後要結算的既有業務的狀況，部長級的人則把重點放在達成部門每個月的預定目標。因此，即使是經營者指派下來的業務，有時候優先順位也會變動，被延到之後再處理。留意這些狀況，同時確認經營者、高階主管以及部長，各自的需求是否一致。如果不一致，重點就要放在配合個人有不同的故事來推動案子。

成交失敗的五個原因

仔細訪談、聆聽後，花很多時間製作企畫書提案，到了成交時卻失敗。這種狀況當然難免發生。要讓失敗成為下次的教訓，很重要的就是分析箇中原因。

通常在成交階段失敗的原因有五個：

1. 目標的落差

誤判客戶「心目中理想的模樣」。這類在基本層級上出現的落差，幾乎都出現在想要亂槍打鳥、以量取勝的跑業務類型。

2. 目標與課題的落差

為了貼近客戶「心目中理想的模樣」而設定的課題，其實並非真正的課題，或是優先順位較低的課題。

如果當初花時間仔細做好訪談與喚起需求，很少會發生這類狀況。但一旦發生，很可能隱藏著並未完全具體描述的課題在內。

3. 課題與解決方案的落差

雖然課題正確，卻擬定了錯誤的解決方案，或是不符合對方的期望。特別常見的是不符對方的期望，原因就出在動態資訊的訪談沒做足夠。

4. 解決方案與產品、服務及各項條件上的落差

解決方案大致上沒問題，但具體的產品、樣式、價格、交期等細節上無法妥協。原因就出在沒做好靜態資訊訪談，如果是能夠調整的範圍，再次提案即可。

5. 缺乏信任

簡報雖然完美，但在更前面的階段就讓客戶覺得「我不相信這個業務員」、「不想跟他共事」。這就是信賴感建立得不夠，必須從破冰階段重新開始。

⑦請人介紹客戶的訣竅

改善重點與流程

請其他人幫自己介紹客戶的業務員，感覺上像是政治人物很輕鬆到各個場合露臉，一廂情願要求眾人「遇到有興趣的人請介紹給我！」不過，這種作法即使偶爾真的能獲得別人轉介來的客戶，就時間效率來說，仍其差無比。

因此我在介紹時也會建立假設，隨時思考如何達到最高效率。我在野村證券擔任業務員的時期，總共經過別人介紹超過五十位經營者以及高資產階級，其中大約有三十位後來成為客戶，甚至還有幾個人成了我的大客戶。我將當時請人介紹顧客的流程製作成圖表3-5，讓各位做個參考。

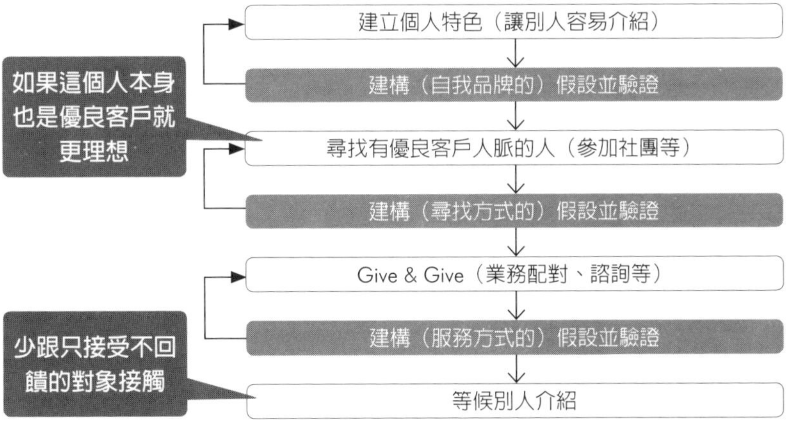

建立個人特色（讓別人容易介紹）
建構（自我品牌的）假設並驗證
尋找有優良客戶人脈的人（參加社團等）
建構（尋找方式的）假設並驗證
Give & Give（業務配對、諮詢等）
建構（服務方式的）假設並驗證
等候別人介紹
如果這個人本身也是優良客戶就更理想
少跟只接受不回饋的對象接觸

3-5 介紹的改善重點與流程

打造連鎖介紹的方法

我在進公司第一年時，有一位高科技公司的經營者，介紹給我十幾位經營者。這之間沒有任何金錢往來，單純因為對方「想表達支持」。對於時間不夠的業務人員而言，經由這種方式獲得介紹實在再好不過。另一方面，也可以刻意製造出介紹的機制。

我嘗試整理出以下三項重點：

1. 建立明確且精準的「自我品牌」

仔細想想，人在介紹別人時，都抱著什麼樣的動機呢？前提當然是在人際關係上希望獲得對方的好感，但在這前提之前很殘酷的現實是，這個人值不值得介紹。

比方說，就算個性再好，但卻是個半吊子的業務員，你會想介紹這種人給朋友嗎？「這傢伙人超好的，跟他見個面吧。」這種介紹方式就是「拜託」。如果對方是過去在家鄉對自己關照有加的前輩，或許能這樣盡心盡力，但在商場上，幾乎沒什麼人會這麼做。

因此，如果希望別人介紹你，塑造出「容易理解的修飾詞或形容詞」就很重要了。平常就要用心經營自我品牌，讓介紹人在對朋友提起你時，可以說：「有個〇〇樣的人，你要不要跟他碰個面？」這時對方會認為「好啊！」這種狀況下，業務員本人多半不會在場，因此那些修飾詞跟形容詞就相形重要。

在商場上，修飾詞跟形容詞最好跟下列四項因子有連結：人、物、錢，以及資訊。有了這個概念之後，就可以多準備幾種類型，看看哪個修飾詞或形容詞最能打動人心。

例如，別人在介紹我時，經常會這麼說：

「他具備很豐富的金融知識，對資金籌募跟節稅政策更是熟悉，要不要碰個面聊聊？」

「這個人專門開發經營者階層的客户，人脈很廣，要不要跟他見個面？」

「他大學時期曾經在高科技產業創業，對高科技業界滿熟的，要認識一下嗎？」

這裡彰顯的第一是「錢」，第二是「人」，第三是「資訊」的價值。

修飾詞跟形容詞最好是很明確且精準。

不過，要是表現出太多特色，很容易給人模糊的印象，最好能鎖定在一、兩項，趁彼此交換名片時，告訴對方自己能做些什麼，或是有哪方面的專業，還是有什麼獨特性。如果覺得目前的自己沒什麼讓人特別介紹的價值，也可以運用外在的價值，例如介紹其他人脈廣的人，或是可以接觸到公司的資料庫提供有幫助的資訊等，這類傳統型的手法也很有效（當然，如果只是狐假虎威，也會被對方看透，要特別留意）。總之，有沒有用心創造自我品牌，介紹起來的效率截然不同。

在社交場合交換名片時，若說：「我是野村證券的業務員，敝姓富田。」就只是個尋常的證券業務員，不會在對方心中留下深刻印象。但要是接著加上一句，「我擅長事業繼承規畫的案子，每年大概辦理二十件。」這麼一來，就建立起個人品牌了。如果現場有考慮退休的經營者，說不定跟我交換名片的人之後會為我引見。

各位請記得有個很重要的地方，多數人在這些交換名片的場合會說：「要是認識這樣的人，請介紹給我。」這句話作為暫時結束對話的確很好用，但就跑業務的手法來說，其實很馬虎。如果自己的強項讓對方留下印象，不需要專程請別人介紹，對方多半就會主動開口了。

2. 介紹的基本是有來有往

想要對方介紹你，先主動介紹別人給對方，這也是基本原則。只想單方面要別人介紹你，遲早會被貼上「沒禮貌的傢伙」的標籤。尤其是在經營者及富人階級的圈子，基本上介紹兩個人之後，最少會幫你介紹一個人，這應該可說是彼此不成文的默契吧！例如，我促成了A社長和其他兩位經營者的商業合作，通常A社長多半也會介紹一名新的潛在客戶給我。大概是這樣。

我在介紹其他人給經營者認識時，基本上會介紹同個階層的人。如果是上市公司的經營者，就介紹另一位上市公司的老闆給他；對方是中小企業經營者，就介紹中小企業的經營者給他。這是以自己站在受人介紹的立場時，會有什麼樣的想法，反推回來之後認為至少該有的禮貌。偶爾也有例外，像是某位經營者表示「無論如何都想跟B公司接觸」時，可能會介紹營業部長給他。如果有充分的價值，就無所謂。重點就是，並不是胡亂介紹就好，要介紹的話，就要讓對方認為「我欠富田一份人情」，否則就沒有意義。

順帶一提，偶爾會遇到自己動用人脈介紹了很多人，但對方完全沒介紹任何人回饋的狀況。這種時候就要判斷這是個不懂得彼此默契的人，之後不需要再介紹人給他就行了。

3. 朝擁有優良客戶人脈的人進攻

針對很可能成為生意往來大戶的優良顧客發動攻勢，這是天經地義的事。即使當事人本身不是優良客戶，一旦能看出他是「擁有優良客戶人脈」的人，有時候我會比直接和優良客戶交涉時花費更多的時間與工夫。因為只要拉一個人站在你這邊，之後他可能幫你介紹五個人、十個人。最理想的，當然就是優良客戶又握有廣大人脈。

我在進公司第二年集中開發上市公司老闆兼經營者階層的客戶，也是因為這些人不僅持有大筆資產，還有延伸連結經營層與富人階級的網絡。當然，要接觸這些人的門檻也很高，因此很多業務員從一開始就放棄。不過，如果是這些老闆兼經營者之中對業界特別有影響力的人，只要成功突破一個人，之後就可以持續往橫向拓展。

以上列舉了三種營造連續介紹的方法，重點就是，如果你對客戶發揮了獨一無二的價值，自然而然就有人幫你介紹，拓展人脈。即使不是直接獲得業績，這些為了客戶奔走的舉動在累積之下，也會讓你建立起一席之地。或許從某個角度看起來，這些對講究數字的業務員來說沒什麼效率，但這就能讓你跟一般業務員形成差異。

對於很容易被每個月需達成數值這類「緊急、重要」任務追趕的業務員而言，先花點精神在打造介紹管道這類「緊急、非重要」領域的事項，之後會收到突飛猛進的效果。

此外，如果不是一時性，而是持續性的努力，就能展現出遠遠超越其他人的價值。因為當客戶面對「僅存在現階段的課題」與「該與時並進解決的課題」時，為客戶解決後者的課題，對於最終的影響會比較大。正因如此，在處理後者課題的同時，和一名客戶接觸的經歷愈久，愈能成為無可取代的價值。想要做到這一點，本身不斷更新、進化就非常重要。為了能因應客戶不斷出現的新問題，自己也必須持續增加累積的經驗。

建立人脈需要花費金錢與時間，但和過去相較，有了社群網路更能掌握與預測他人的人脈，拓展人脈的速度也加快了。此外，風評傳播的速度也變快，因此只是展現實力，周遭人士很快就會知道這個人的評價。另一方面，由於跟自己相關的資訊也會讓身邊很多人知道，萬一言行上有什麼差錯，立刻得面臨信用掃地。

身為業務員的技能提升，就在於改善日常生活中的禮儀與道德。發現課題與解決的能力，其實最終回歸到「自己能對周遭的人有多少幫助？」「在嚴峻的現實中能選擇多少超越得失的行為？」這樣的人情義理。正因為身處在這麼迅速的社會，我更認為只要能磨練心性，其他的人脈、業績之後就能簡單地隨之而來。

第四章

成為頂尖業務員的加速引擎

打造持續改善的螺旋梯

前面介紹了將業務工作區分步驟，在建構假設並驗證後，如何將經驗模式化，該怎麼提高跑業務的精準度等的具體方法。能全部理解這些內容，重新檢視自己實際在業務工作中的每個步驟，應該就比一般多數業務員對於業務這份工作有更深入的理解。

不過，即使這樣，我認為也只達到頂尖業務員七成的實力。要彌補剩下的三成，就得靠「持續」。光進行一星期的假設與驗證實在沒什麼意義。要藉由不斷重複這個循環，加速累積成長速度，這才是本書中介紹的觀念之精髓所在。因此，接下來就要介紹如何從現在起不間斷以假設、驗證的循環來持續改善。

經常有年輕業務員來找我商量，很常被問到的一個問題就是「我究竟要不要繼續從事業務這一行？」相信每個人都有類似的經驗，面對夢想或目標時，覺得自己好像始終在同一個地方繞圈子，沒有前進。遇到這種狀況，從感覺不到進步的鬱悶，逐漸變得消沉，失去企圖心。當感受不到自己的成績與進步時，難免會有這種感覺。「但真的是這樣嗎？」「真的沒有進步嗎？」「我可不這麼想。」我認為，這應該是「螺旋梯」吧。

本書說明了很多有關假設與驗證的循環，若能夠持續實踐一年，應該會感受到驚人的變化。但若是只擷取一天來看，就只是反覆枯燥乏味的一天。不可能突如其來就能夠談成比過去強十倍、一百倍的案子，而是一天一天以百分之一、百分之二的速度持續調整。

此外，「假設思考」聽起來雖然很厲害，實際上動腦思考的時間只有一小部分，有九成的時間是起身動口，靠行動來建立。那種「同樣日復一日的感覺」，對於意志堅強、強烈想要完成夢想的人感受更深刻。因為他們比其他人「反覆」徹底實行更多次。用在業務員身上，指的就是與客戶之間的約訪、發掘需求、簡報等作業持續不斷地修正。在達到夢想與目標的過程中，幾乎都是在反覆這樣索然無味的作業。

美國職棒大聯盟選手鈴木一朗曾經說過一句名言：「累積微不足道的小事，是通往偉大夢想的唯一道路。」此刻自己能做的事、努力就能做到的事，若不一點一滴累積，就無法接近遠處的目標。

由於每一步的步伐實在太小，難免會產生各種困惑。「自己真的有前進嗎？」「這條路適合我嗎？」「這是不是我真正想做的事呢？」於此同時，唯有一件事是肯定的，就是「毫無疑問，一階一階、一樓一樓往上爬」。或許「沿路風景太相似，沒注意到」，但如果正確努力往前走，一定是這樣。不久後，遇到總算有機會低頭往下望的時候，你會發現——「原來我已經爬到這麼高的地方啦！」

成長是以「自身相乘」的效果在發生

藉由反覆乍看之下乏味的假設與驗證，就能獲得加速成長。確實地慢慢累積，持續改善技術與know-how，就會讓一個案子的成功率突飛猛進。這樣的累積還會從另一個角度帶來意想不到的收穫。持續努力的結果，當好成績一點一點逐漸呈現，有時就會有人介紹或請託比較高階的工作給自己。

初期可能會沒自信是否能夠勝任，例如：「被交辦在公司裡只有高階主管才能負責的大規模案件」，或是「我又不會講英文，卻來找我談要不要調任到外國的分公司」。

如果依照過去的惰性來工作，面對這類轉機很容易心生卻步，「不不不，我怎麼應付得了那種工作。」然而，若是經過累積努力與改善的人，就會相信自己能夠成長，勇敢接下這種高難度的工作。這就是非常大的分歧點。

這是因為實際上接受更高階的工作之後，會看到很多過去看不到的，自己新的缺點及優點，還有發現過去想不到的課題。相對地，會持續累積比以往更高的質與量。

以我個人經驗而言，在我進公司的第一、第二年，和第三年之後負責的客戶大不相同。面對全球級的富人階級，才發現過去自己對證券、金融相關知識的認識實在粗淺，在經營、商業上的眼界也太過狹隘，自己都大感錯愕。不過，正因為這樣，反而讓我有機會比其他人多一倍認真去面對、學習。

等到面對這些事情時覺得習以為常，就表示自己的水準也更上了一層。然後就會有人再介紹更高層級的工作給你。持續努力，就會帶來形成「自身相乘」的進步效果。

關於「魔鬼第二年」的說法

業務這一行裡有句話說「魔鬼第二年」。這指的是明明入行第一年能夠很順利開發新客戶，到了第二年卻會有停滯的現象。有個跟我交情不錯、同期進公司的業務員，第一年在全國同期之中締造業績第三名的好成績，但第二年突然再也簽不到新客戶，他把這事看得非常嚴重，甚至影響到健康，第三年就離職了。

為什麼他的業績會在第二年突然停滯呢？原因可從量與質的關係來說明。

野村證券對於新人進公司第一年的要求，只有開發新客戶以及增加受託資產。因此就算質不怎麼樣，只要靠拚勁跟體力比其他人跑的量多，就能締造一定的業績。不過，從第二年開始會面臨分身乏術的難題。常為了滿足現有客戶的需求，開發新客戶的順位就被往後延。拜訪的案件數量當然會減少，對於潛在客戶的管理也做得馬虎，最後就從業績排行榜上前面的名次消失了。這聽起來像廢話，但業績好的業務員經常得面對這種兩難的局面。

為了避免這類事態發生，即使只靠量來締造業績，也要想到在第一年開始進行質的改善。作法或許是讓自己更有效利用時間的ＰＤＣＡ，也可能是提升清單的品質。要是不這樣改善量與質兩大主軸，當既有客戶增加，或是有了部屬還要應對和以往相同數量的客戶時，很容易就忙不過來。

此外，要是只注重持續以人性上的信任感開發新客戶，而不提升加強商務上信任感的技能，這樣即使能開拓新客戶，後續也很難與客戶發展出更深入的往來。

我在進公司第二年時，為了不要疏於開發新客戶，給自己訂了個「星期三是開發新客戶日」的規則，鼓勵自己多開發新客。每週只有這一天，就算老客戶打電話來，除非是緊急狀況，否則我也暫時不回電。

我要集中注意力是有原因的。念書時也一樣，人在做其他事情時，都需要一點時間來熱身。曾聽人說，一般要花上三十分鐘才真正打開專注的開關，若一整天要從事開發新客戶，就得將作業時間分成好多小段，這是我為了在有限時間中最有效利用而思考出來的模式。

定期將想法化為言語

在演講的場合中，有時候會有年輕業務員問我：「該怎麼樣才能在短時間內成長呢？」針對這個問題，我只能回答：「反覆輸入跟輸出。」學習業界的知識，閱讀書籍精進溝通技巧，這些「定期輸入」有很多人應該都已經落實。不過，我很少看到會「定期輸出」的人。

比方，立刻在工作第一線嘗試運用在書本上學到的知識或是前輩傳授的秘技，這也是很有效的輸出。或許偶爾臨時想不起來，令人手足無措，但這只是驗證是不是已經化為自身的一部分，不需要太在意。當電訪與臨時登門拜訪接觸的案件一多，隨時都有實際輸出的機會。

前面提到，我在擔任第一線業務員的時期，一遇到課題就會採取因式分解，其實因式分解也是一種輸出。跑業務的模式、經營課題的模式、每項課題解決方案的模式、個性的模式……這些不知道用心智圖分解了多少次。不僅用心智圖，也隨手記在筆記本裡。

所謂的分解，就是深入思考。因為深入思考，可以看出過去沒有察覺到的課題，看出課題之後就能努力擬定解決方案。本書介紹很多我過去實踐過的各種技巧細節，這些都是將我實際面臨的課題分解之後，經過建立假設與驗證所得的結果。因此，沒到百分之百搞懂就不停止深入思考，或許反倒該說，不懂時更要深入思考。

圖表4-1有一張心智圖。這是我出社會第三年，在七月的三天連假中，為了找出自己的課題，在長野車站前的星巴克花了四、五個小時畫出來的。人在過於忙碌時，會只專注眼前的事物，不過像這樣稍微建立出體系，經過因式分解，就能俯瞰自己。這張圖就是在這個想法下繪製出的一部分。現在回過頭來看覺得非常粗糙。不過，倒也無妨。就用自己的想法試著分解看看。有些事情變得理所當然，有些新的課題要面對，接著更進一步仔細分解。反覆這些步驟，就是身為一名懂得假設驗證模式的業務員的成長方式。

人的鬥志會明顯消沉，不外乎是搞不清楚課題時，或是就算釐清課題也不知從何解決時。談不成新客戶雖然一時令人沮喪，卻不是什麼大問題。

身墜五里霧中摸不清方向時，真的很痛苦。為了避免這種狀況，需要不停地持續提問，讓想法化為言語（輸出）成為有效的方法。

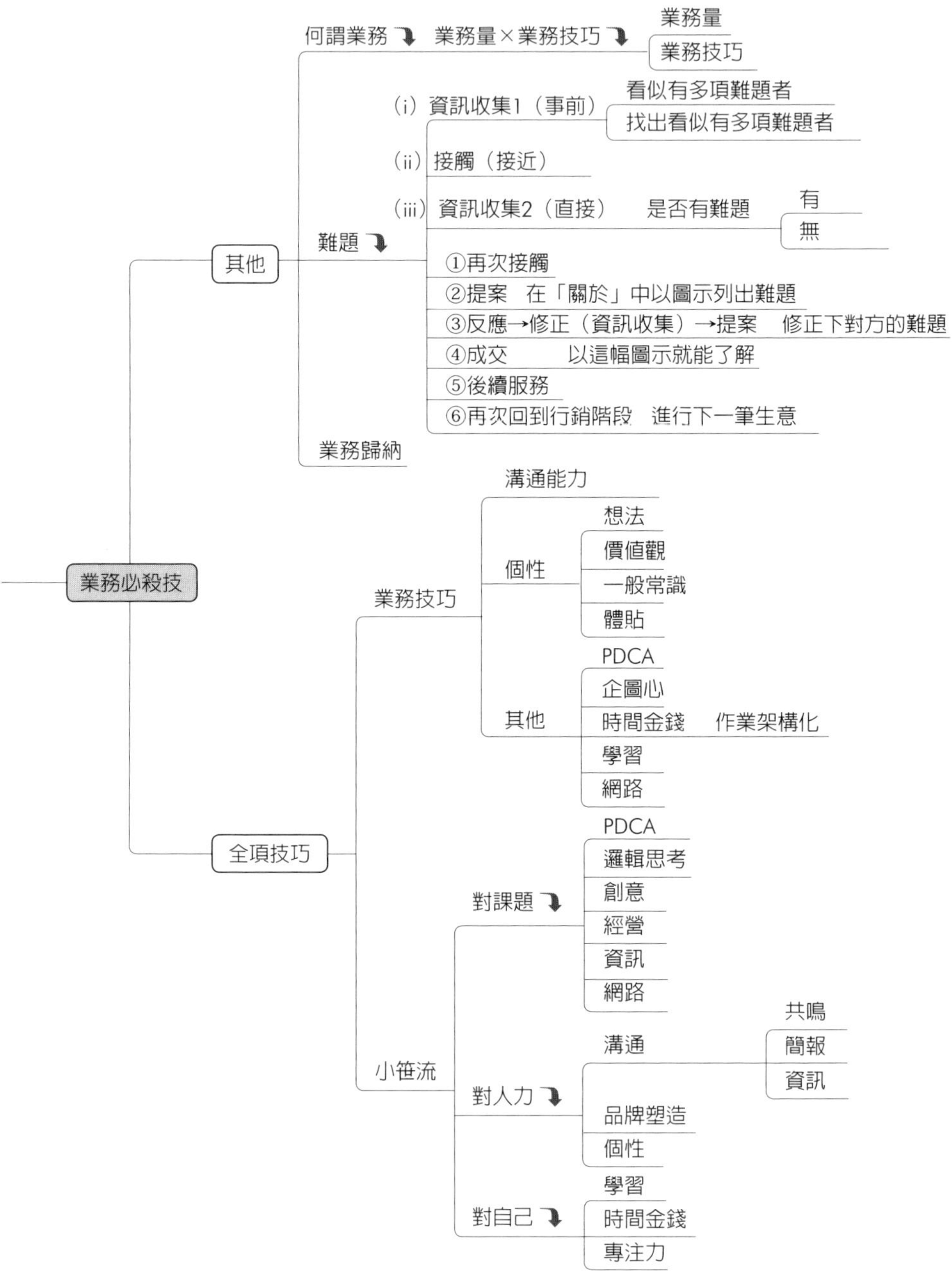
業務必殺技
其他
何謂業務
業務量×業務技巧
業務量
業務技巧
難題
(i) 資訊收集1(事前)
看似有多項難題者
找出看似有多項難題者
(ii) 接觸(接近)
(iii) 資訊收集2(直接)
是否有難題
有
無
①再次接觸
②提案　在「關於」中以圖示列出難題
③反應→修正(資訊收集)→提案　修正下對方的難題
④成交　以這幅圖示就能了解
⑤後續服務
⑥再次回到行銷階段　進行下一筆生意
業務歸納
全項技巧
業務技巧
溝通能力
個性
想法
價值觀
一般常識
體貼
其他
PDCA
企圖心
時間金錢
作業架構化
學習
網路
小笹流
對課題
PDCA
邏輯思考
創意
經營
資訊
網路
對人力
溝通
共鳴
簡報
資訊
品牌塑造
個性
對自己
學習
時間金錢
專注力

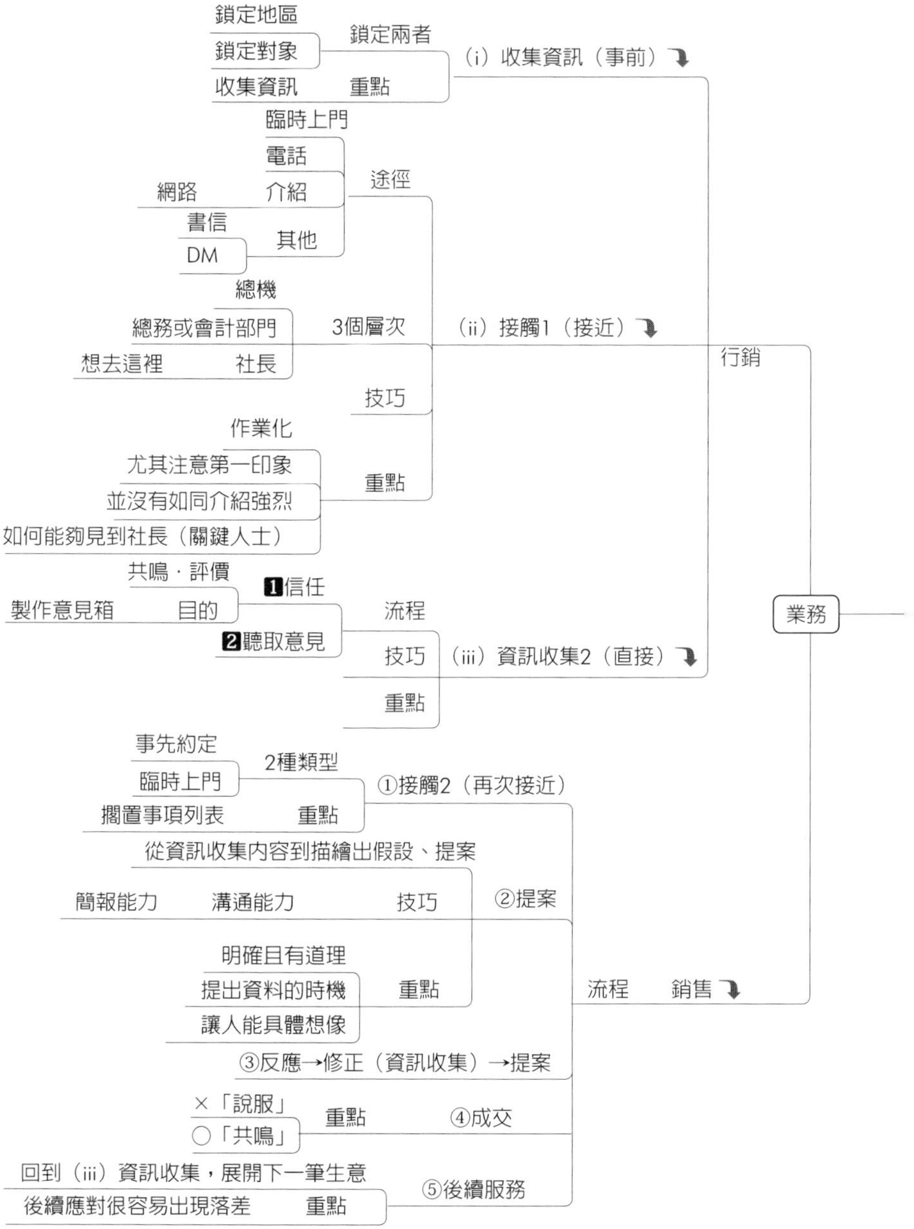

4-1 從事前一份工作時製作的心智圖

別將時間花在無助於成長的事物上

跑業務的方式形形色色。同期進公司的一位同事拙於言詞，為了彌補這個缺點，他每個週末都到高級住宅區挨家挨戶投遞傳單。有位前輩擅長開發銀髮族客戶，他每天繞遍責任區裡的咖啡廳，跟年紀大的常客打成一片，成交了不少案子。另一位前輩的文筆好得不得了，他將這項特色運用在跑業務上，每次在公司裡都看到他在寫信。也有個同期進公司的同事，白天都在網咖小睡，把所有力氣花費在早晨與夜晚的「站崗」（在對方的公司門口埋伏等候經營者上下班時出現）。

菜鳥時期的我，舉凡投遞傳單、開發年長客戶、勤寫問候信等我都做過。不過，在一點一滴耗費自己時間的同時，一直覺得哪裡不太對勁，好像沒把時間花在主要的事情上。也就是說，無論是努力寫信的時間、走到鐵腿投遞傳單的時間，或是守在公司門口苦候經營者的時間，都不是花在增進自己的能力。

或許多寫信會讓字跡變得比較漂亮吧，但跟業績的因果關係實在有限。況且，就算一時談成了案子，但不健全的跑業務方式只能爭取到一小部分，若沒辦法把餅做大，是不可能成為頂尖業務員的。

於是，我放棄寫信的時間，改用來收集客戶的資訊，建立假設，研究金融知識與業界生態，最重要的是要留下一些時間來思考。或許我的字寫得不比前輩好看，但論成長速度我是絕對不會輸的。

這麼一來，就不再是$Y=aX$，而是像$Y=aX^2$，進入加速成長的階段。

不擅長的領域用理論來武裝即可

每個人都有不擅長的領域。逃避也是一個辦法，但我比較喜歡的是「雖然不喜歡，但勉強可應付」的態度。

例如，跟人第一次碰面總是很緊張，想到臨時登門拜訪就覺得難受，那麼，只要準備一套固定的說詞，即便與對方第一次見面也勉強可以應付。

二十七歲時，我為了學習資產管理，到新加坡的商學院留學。不過，有一半也是為了工作，肩負著重要的任務，擔任東南亞各國金融機構的主管，同時是第一線的私人理財管理者，以及建立與富人階層的人脈網絡。當時英文講得不流利的我，每回為了要跟初見面的人自我介紹，實在苦惱不已。

不過，若不自我介紹，根本不可能建立起人際網絡。沒多久，我便找了個週末，花時間寫出一篇能單方面說明自己種種的介紹文。用現在流行的說法，大概就是創業家用三十秒能說明商業模式，也就是「電梯簡報（Elevator Picth）」的概念。

只是我寫的那套「劇本」相當長，從頭到尾講起來要花上十五分鐘。內容包括工作經歷、個人生活，還有自己的過往與追尋的夢想。另一方面還網羅了幾乎第一次見面時，對方都會問到的問題，這套劇本我還請英語為母語的人幫我看過，整篇背下來。

多虧我做了這套劇本，頓時大幅降低與人交換名片時的心理障礙。基本上我不會連續講上十五分鐘，不過這就像預設的問答集一樣，無論面對什麼樣的問題，都能立刻回答。

有關初次見面的經典對話，認真去搜尋書籍或網路上的文章，要多少有多少。只要回顧過去自己使用起來很理想的介紹詞，將認為最適當的組合在一塊，了不起花個半天，最多一天就能寫好，但實際上，多數業務員連這都沒做。

週日晚間看著日本的電視動畫節目《海螺小姐》，一邊鬱悶想著，「唉，明天又要繼續打電話拚業績了。」或是以「紓壓」的名義來玩一整天，如此是無法從根本解決問題的。尤其資歷尚淺，還沒有建立起自己工作模式的新人，更是做什麼都不擅長。

研究業界生態、增加課題與解決方案的類型、鍛鍊溝通技巧、學會簡報技能……該做的事情多得不得了。當然，就算同時要做所有事情，時間也不夠。所以才需要特別去分配時間，將一件件自己不擅長的事情，特別是看起來改善後效果極高的項目，一項項確實克服。

歲月未必會讓人成長。成長與否，看的是「輸入」與「輸出」重複了多少次。以我自己為例，從菜鳥時期，我就持續充分「輸入」。以文字媒體來說，首先我將公司內部網路儲存的大量與業務相關的資料全部看過一遍。尤其是進公司的第一、第二年，每天就連更新過的經濟、企業報表也看過十幾種，可說全數過目。

雜誌的話，則有《日經Business》、《日經Business Associe》、《經濟學人》、

《Diamond》、《東洋經濟》、《President》、《日經Woman》、《Newsweek》……等主要的商業雜誌，我從進公司第二年之後就全部訂閱。另外，每個月閱讀二、三十本商業主題的書籍。

另一方面，我也會製造機會，請公司內部主要主管將他們的經驗知識傳授給我。例如，請教法人營業部的前輩怎麼從各大資料庫擷取出相關的公司資訊並建構假設。為了以資料量彌補經驗的不足，我努力拓展關注的領域，持續大量輸入吸收。

愈是高水準的經營者，接觸過愈多數不清的業務員，當然會找上高水準的人合作。反過來說，一旦超越了一定水準，只要不是人品有太嚴重的缺陷，也一定能夠吸引到對方。因此，如果將自己侷限在同一個業界、領域，很難塑造出差異。

既然如此，重點就在於用「告訴經營者想了解的商業資訊」，或是「成為與經營者（在政治或興趣的領域）同樣高水準的談話對象」，來製造自己與其他人的差異。

別當個像業務員的業務員，而是以五花八門的對談內容吸引對方的關注，讓對方主動詢問：「你真有意思，現在有什麼好東西推薦給我？」這就是我的理想。

維持企圖心與自我對談

野村證券每星期都要業務員承諾一星期要達成的業績。不能打保險牌、設定過低的目標，但也不能只是嘴上說說，最後做不到。這其實是個大難題，而且很有壓力。不過，在努力成長時採取這樣的制度，我認為非常有效。

從前一份工作我就身為業務員，積極向前，持續堅持成果，如今才會有此刻的成就。為什麼我能長期維持這股企圖心呢？我想是因為我每天與自己對談的結果。自我對談，就是將自己的目的、目標意識提到這個水準的作法。舉個具體的例子，每天早上我會在鏡子前面告訴自己我的目標。回到家之後，會花點時間回想這一天，與自己對話的同時思考該如何啟動ＰＤＣＡ。

此外，我也曾將每個月的目標數值設定成手機的密碼。在踏入社會第二年，我立定目標要念ＭＢＡ，當時就一天早中晚設定鬧鐘提醒自己，「今年之內一定要在所有進公司第三年的同事中奪下業績第一名的寶座，爭取兩年後留學念ＭＢＡ的門票。」

看起來或許很累、很辛苦，但多了這些小動作，對於維持企圖心有很大幫助。人本來就容易有高低起伏。業務是一份很辛苦的工作，要用腦、耗體力，還得設法達成數字目標。工作中有些想要避開或是覺得麻煩的事情，也非做不可。光想到要面對討厭的狀況，就夠令人喪失企圖心了。因此在每天的業務工作中，必須不斷提醒自己真正想實現的目標，這就是能繼續努力下去的秘訣。

如果有想要達成的目標，重點就是要結合目的，讓身體盡早適應。自古相傳「在流星消失前，如果能重複講三次願望，就會實現」，我想這代表的是，在一瞬間突如其來的狀況下，能夠立刻說出願望的話，代表這是真正的目標，心中的這個願望應該已深入日常生活與舉手投足之間。

自我對話終究是為了提升企圖心，而不是為了逼迫自己。有些人每天持續努力的動力或許是家人，已結婚生子的人，將手機的待機畫面設定成全家福照片，也是廣義的一種自我對話。或許也有人將待機畫面設定成自己喜歡的偶像、演員等等來自我激勵。很容易便忘記對他人的感謝與生存的目的。因此，我才認為要彌補這個缺點，得讓身體習慣回想目標的作法，這才能發揮強大的效果。

第五章

打造強大的業務組織

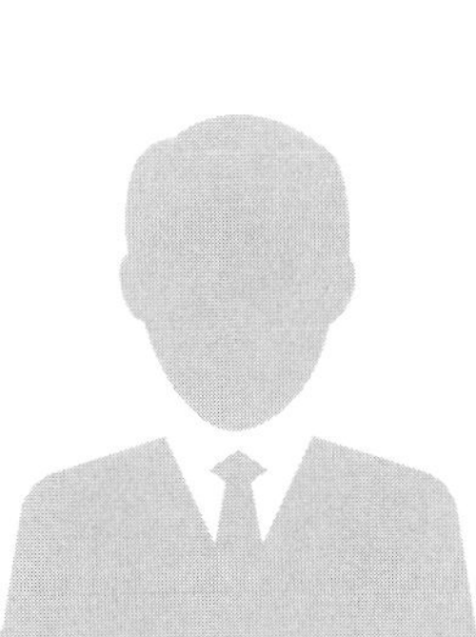

成為管理者必要的成長歷程

接下來，我想談談身為一名管理者該如何掌管業務團隊。

雖然可以想像在本書的讀者群裡，第一線的業務員應該會比管理者來得多，但我認為這章的內容也能讓很多第一線業務員參考，希望各位能繼續讀下去。

當上管理者之後，成長的速度必然會更快。

本書中一再提到，將自己的經驗用言語表達化為模式的過程，是成長的捷徑。由於管理者必須透過言語指示、指導、訓練部屬，大大增加了實踐的機會。就結果而言，相較於在第一線跑業務的時期，當上管理者之後，整個人的成長會加快許多。這也是我自己在創業、有了部屬之後，實際深深體會到的。

身為優秀的管理者，就要展現優秀的自我管理技巧。想要適當管理其他人的ＰＤＣＡ，必須先啟動自己的ＰＤＣＡ，否則也不知道該改善什麼，要如何改善。在美國，一般認為頂尖商務人士之間對胖子都不信任，這也是因為基於「連自我管理都做不好的人，不可能管理好工作」的緣故。

反過來說，如果能學會前面提到的假設思考並身體力行，就已經是管理者了。比方說，傳統的人情型業務員交涉手法，全視個人風格，部屬想要依樣畫葫蘆也非常困難。必須等實際當上管理者，才能開始站在管理者的立場進行學習。

不過，如果學會了假設思考，所有的經驗都能套用到模式上，馬上就能讓部屬或團隊成員學會、派上用場。此外，聽他們談論的同時，可以立刻進行因式分解，了解瓶頸在哪裡，該加強哪些地方，提出妥善的指導。

從這個角度來看，身為第一線業務員的成長與管理者的成長非常接近，兩個面向都去了解，對於所有業務員應該會很有幫助。

善用優秀的工具管理團隊

「我很想鍛鍊一支自家公司的業務部隊，卻不知該用什麼方法。」很多經營者為此苦惱。經常聽到經營者將首席業務員拔擢升上管理者，把組織交給他們管理，卻無法如願培養出一支好團隊。

我認為，建立業務團隊需要的並不是一名曾是頂尖的業務人員，而是能讓團隊成員的企圖心維持在高峰、毫無疑慮專心於業務的主管。

讓我在此自賣自誇，不過敝公司的業務團隊工作士氣非常高昂。這是因為大家對於提升團隊的各項作業都樂在其中，因為跑業務的PDCA啟動機制已經完成，因此無論是多細枝末節的工作，或是看來多麼令人裹足不前的案子，付出的努力最後都能化為雙眼可見、邁向目標的動力。此外，注重團隊的成績，因此當成員一面對課題，大夥兒自然就會集思廣益解決，已經成為理所當然的想法。這一點也很重要。

接下來介紹敝公司業務團隊平常使用的兩項工具。說是工具，其實就只是Excel，一個是「ＫＰＩ管理表單」，另一個是「ＰＪＴ表單」。前者是為了將ＫＰＩ視覺化，後者則是將達成ＫＰＩ的行動指標（ＫＤＩ，Key Do Indicator）視覺化。

下面簡單介紹一下各自的特色。

將課題視覺化的「KPI管理表單」

這份管理表單的特色，就是從無數的ＫＰＩ中擷取出「每項業務步驟的達成率」，以及「各種途徑（客戶屬性）的約訪達成率」兩個項目。

所謂的業務步驟，就是本書中第二章與第三章介紹的各個步驟，目標值與實際業績一目了然，連新進員工也能綜觀全面的步驟，容易從中找出瓶頸。不過，光是看每個業務步驟的達成率，是無法立刻看出課題的。為了能更容易了解，再追加每個步驟的ＫＰＩ。具體內容就是將業務步驟的「約訪案件數明細」視覺化。

來看看實際的範本（參照圖表5-1，數值是虛構的）。看了業務步驟的達成率，就能知道這個月的約訪數雖然提高，簡報數卻少了。光看這個可能會認為簡報方面出現瓶頸，但如果

掌握KPI的數值各步驟

■各步驟數值管理表單　　　　7月25日

每月摘要（新客戶）	清單數	接觸數	回信數	預約數	沒有金額的提案	有金額的提案	接單數	回信率	預約率	沒有金額的提案	有金額的提案	接單率
7月目標	421	421	44	45	34	30	9	10%	102%	76%	88%	30%
7月業績	496	462	56	50	6	5	4	12%	89%	12%	83%	80%
7月達成率	118%	110%	127%	111.1%	18%	17%	44%	116%	87%	16%	94%	267%
6月實施數值（參考）	672	611	110	86	52	25	9	18%	78%	60%	48%	36%

每月摘要（PL）	擴張提案數	擴張接單件數	擴張接單金額	新客戶提案數	最終調整	新客戶接單件數	合計提案數	接單數	提案對接單數
7月目標	12	2	¥12,000,000	30	10	7	42	10	24%
7月業績	15	5	¥15,000,000	22	6	5	37	7	19%
7月達成率	123%	250%	125%	73%	60%	71%	88%	70%	79%

PDCA摘要	途徑	預約數	達成率	預約成功的公司名稱
〈A業界〉	總計	12	120%	
	介紹	0	-	
	參與活動	0	-	
	在活動中展出	3	60%	A公司、B公司、C公司
	決策者	7	35%	D公司、E公司、F公司……
	RM	0	-	
	E-mail	2	-	H公司、I公司
	顧問	0	-	
〈B業界〉	總計	13	87%	
	介紹	1	-	H公司
	參與活動	0	-	
	在活動中展出	1	20%	I 公司
	E-mail	0	-	
	決策者	8	80%	……
	RM	3	-	……
	電話	0	-	
	顧問	0	-	
〈R&D〉	總計	23	115%	
	介紹	0	-	
	參與活動	1	-	J 公司
	在活動中展出	4	80%	……
	RM	1	-	
	E-mail	0		
	決策者	17		
	顧問	0		

掌握每個途徑（顧客屬性）的KPI（參考上方預約數的明細）

5-1 KPI 管理表單

再進一步看約訪公司的明細就可發現，這個月幾乎沒有接觸既有客戶，全力投入在新客戶約訪上。新客戶在約訪後到實際簡報，大約相隔幾個星期，看到這個數據就能想像，可能下個月簡報數會一口氣大量增加。

就像這樣，將自己每天的行動結果以數字套用，對於自己身處的狀況、面對的課題等，立刻就能一目了然，不會輕易在業務上感到迷惘。

另一方面，現在看到的數字是整個業務團隊分享的資訊，另外也有擷取團員個別的KPI表單。Front小組（負責外勤）、inside sales小組（集客式行銷、市場行銷策略小組）、公關・規畫小組（負責後勤）等，可以彼此分享該月設為重點的KPI目標值以及進度。

呈現KDI的PJT表單

另一項PJT表單，則是套用在為達成KPI所需行動定量化的行動指標（KDI），用來整理出面對達成率與課題時必須因應的對策。

PJT表單的重點有兩個。一個是行動清單要具體。例如，「用傳單來接觸客戶」這樣的任務，和「本週內要進行使用傳單接觸量為五十件」的任務，哪一個讓人容易執行呢？

〈7月各組KPI〉

【外勤front小組】

2Q小組方針
◆ A業界深耕接近 — 介紹、開發入門商品（舉辦講座、製作旗幟等） ◆ 加速接近B業界、收割成果 ◆ 預約新顧客只進攻決策者 ◆ R&D稍微減少積極的接觸

本月主要KPI	前月主要課題
◆ 預約數45件 ◆ 入帳提案數30件 ◆ 口頭同意3,200萬圓	◆ 高角度案件收割 ◆ 提升A業界優良對象社長的介紹率 ◆ 建立擱置客戶的管理體系 ◆ 提升B業界的預約數

現狀及課題				
◆ 預約數	現狀	50件	進度	111%
◆ 入帳提案數	現狀	5件	進度	17%
◆ 口頭同意	現狀	2,500萬圓	進度	78%

將每個團隊需要關注的主要KPI更明確
（根據每個團隊的方針每個月改變）

【inside小組】

2Q小組方針
◆ 全數網羅A業界優良對象（與8成左右洽談） ◆ 增加B業界部長級以上的預約數 ◆ 增加R&D領域（C業界／D業界）的預約數

本月主要KPI	前月主要課題
◆ 預約數45件 ◆ 決策者預約數30件 ◆ 預約銷售3,200萬圓 ◆ 業務往返量	◆ 增加決策者預約數 ◆ 約見負責人達成預售 ◆ 活用MA的MQL育成 ◆ 藉由zoho將ROI可視化

現狀及課題				
◆ 預約數	現狀	50件	進度	111%
◆ 決策者預約	現狀	5件	進度	17%
◆ 預約銷售	現狀	2,500萬圓	進度	78%
◆ 業務往返量				

5-2 PJT表單

毫無疑問是後者。

ＫＤＩ這個名詞是我自創的，但一旦有了用ＫＤＩ來管理任務的工具，團隊成員一定可將任務分解到TO DO的程度，掌握好預測的作業量。反之，如果不多花這一點工夫，執行時就會因為無謂的苦惱而暫停。結果導致有些團隊成員注意力消滅，士氣低落。用ＫＤＩ來管理，可以消除這類無謂的障礙，總之，要讓注意力只集中在「已做或是沒做」上面。

另一個重點是這些ＫＤＩ都是基於連動的ＫＰＩ重要程度來排列。換句話說，如果這份清單從上方的執行達成率到百分之百的話，優先順位相對低者即使未達標準，重要的ＫＰＩ也會自行變動。這對於團隊成員的士氣管理也很有幫助，即使工作內容只是單調的作業，但只要看看這份表單，也能立刻了解「這是為了變動哪一項ＫＰＩ而做的」。

ＫＤＩ改變，ＫＰＩ就跟著動；ＫＰＩ變化，ＫＧＩ也會變動。換句話說，可以將營業額這個最終的數值目標當作只是多個小的ＫＤＩ來累積而成。可以自行管理工作的業務員，多半可以用數字像這樣管理自己的行動。即使不是整個團隊共同實踐，也可以靠個人來落實。

ＰＪＴ表單是一種思考的架構，只要沿著這個模式，就能很清楚了解目前所處的狀況，以及該做什麼事。不會像是把你丟在能見度差又沒有路標的路上，要你「自行斟酌」，而

■inside sales PJT 更新日 2017/07/19 過去表單檔案

No	KPI	類型	措施	每月順位	owner	KPI達成率	半週KPI（7/17～7/20）	KDI達成率	順位	狀況
1	優良預約數（全體）	短期AP	inbound的集客數增加	A	●●	60%	• 完成「支援○○行銷」的兩種相關LP • 完成首頁開啓的動線設計（包括設置連結）	100%	A	完成
2	內部介紹率（全體）	短期AP	回顧因為內部介紹的談話，累積了know-how	B	●●	60%	• 回顧各個front業務小組的內部介紹談話 • 在每週一的front例會中實施，將內容於隔天具體化並分享	70%	B	進行中
3	優良預約數（A業界）	短期AP	由既有客戶介紹		front小組	20%	• 商量能否介紹5件既有顧客	20%	A	進行中
4	優良預約數（B業界）	中期AP	接近B業界的顧問、外部董事或監察人	C	○○	30%	• 內部介紹B業界的顧問、外部董事（在四季報、各公司官網、搜尋網站搜尋「B業界•顧問」等） •從清單出來之後就開始接觸（半星期10件）	100%	B	完成
5	優良預約數（全體）	短期AP	定期針對A業界、B業界、R＆D投放文宣刊物	A	△△	0%	• 2週1次對各業界投放文宣刊物 • 各業界的刊物內容共計三星期製作（與編輯部討論內容） • 針對有回應的企業主動約訪	10%	C	進行中
6	優良預約數（R＆D）	中期AP	在活動中展出交換名片後，由MA回覆E-mail接近	A	●●	60%	• 完成MA的資料輸入 • 製作E-mail文章（從之前的內容修改） • 委託以MTG確認下半週文章內容	10%	D	進行中

- **和哪一項KPI連動很明確**
- **行動指標也加以數值化（KDI）**

5-3 將行動目標與KPI連動

是團隊整體一起前進時很重要的思考方式。

「KPI管理表單」與「PJT表單」可以用在每週兩次的小組會議上（我們稱為半週會議）。目的是為了確認進度、分享各自面對的課題，以及當場思考解決方案。假設這個會議要花一個小時（敝公司是三十分鐘），在團隊內部分享各自的進度，能毫無疑慮持續面對自己正進行的作業，就能讓整個團隊的生產力大大提升。

況且，這也是一個眾人集思廣益想出解決方案的思考鍛鍊機會，解決方案盡可能由基層提出想法，上司則扮演修正路線、追加補充想法的角色。這樣的管理方式不僅花工夫、花時間，有些地方也會很辛苦。不過，只要能實踐，團隊成員的企圖心會突飛猛進，生產力大大提升，就算開一個小時的會也很超值。

如果要我再舉出另一個好處，就是只要能做到這一點，其實等於將八成的管理工作都交給部屬。或者該說，我甚至認為反倒愈是重要且困難的工作，交給部屬處理比較好。管理者只是使用這套「KPI管理表單」和「PJT表單」貫徹監督與支援的使命，讓整個團隊的PDCA順利運作。

將工作交付給部屬之後，主管多出來的時間就可用來解決相對長期性的課題，這才是我心目中最理想的狀況。愈是重要的工作，完成時的震撼與喜悅也愈大，盡量多給部屬這種機會，就能提高部屬的企圖心，進而成長，並使整個團隊都能有傑出的表現。

該如何讓全體成員達到共識？

為了針對目標而啟動組織的ＰＤＣＡ，第一步最重要的是要讓團隊全體成員認同目標。為此，必須將相關成員集合起來一起討論該怎麼達成目標，有什麼解決方案，答案由眾人共同決定。盡可能用兩小時左右的時間充分說出真心話，比較有效果。

例如，討論要達成目標數值需要把心力花在哪裡。這種時候，彼此提出面對的問題，再一起各自提出意見，從某個角度來看，在彼此交換意見的同時，所有人都在思考：「要達成這個目標該如何行動比較好？」藉由這個過程，成員之間針對目標與達成目標的措施來逐漸達成共識。

要讓彼此說出真心話，有良好互動，大夥兒拋開一切，專注兩小時交談是很重要的。

此外，還可以用點巧思，像是準備甜點讓氣氛變得輕鬆一點，大家就更容易吐露真心話。

在這種情況下獲得共識的目標，或是為達成目標的策略，強度比自己埋頭苦思要來得高多了，一開始就能加速衝刺，啟動ＰＤＣＡ。對於在過程中士氣下降的成員來說，也可以再次回想當初是怎麼決定這些過程，比較容易重新振作。由此可知，以坦誠的心情來討論目標，這段時間對於思考未來也相當珍貴。

運用遊戲化來打造團隊

應該不難想像業務這個職位或是業務團隊，其企圖心、士氣會影響整體表現二到三成。在業務士氣管理上不變的原則，就是強調「達成目標數值的成就感」。不少公司的制度是將業績線圖公布在公司內，或是公開表揚業績優秀的員工。

敝公司雖然沒有這些制度，但可以將ＫＰＩ管理表單視為類似的作用。此外，敝公司為了讓員工持續留意到目標與現況的落差，每天節錄管理表單中主要的ＫＧＩ、ＫＰＩ，發送給團隊內所有成員。因為釐清目標與現況的差距，就容易凸顯出課題，而產生精準度高的解決方案。

回顧我前一份工作，也是各個業務員都能貫徹達成目標值的公司。只要登入公司內部伺服器，就能看到全國幾千名業務員的業績數字，一目了然，這也燃起了每位業務員的競爭心。主管則是每天早上固定會問：「今天的目標呢？」在那個場合下，實在很難說出太低的目標。整個工作環境就是這樣。但奇妙的是，在那種環境中每天努力之下，竟然會覺得無法接受自己達不到宣稱的目標數字。然後，即使立下的是道高門檻，也沒有閒工夫停下來憂慮。

這幾年出現一個稱為「遊戲化」的思考方式，大受矚目。這是來自電玩遊戲中培養的「經驗值與升級系統」以及「收集勳章和寶物」這類提升玩家士氣、樂趣的機制，套用到現實中的商業環境、社會問題，並試圖尋找解決方案。

關注並貫徹數字目標，也可以說是遊戲化的一類。KPI、KDI在分解之後套用到每日目標中，業務就像一邊前進一邊破關的RPG一樣，愈來愈開心。

尤其是團隊會議時，追蹤KDI的進度，就會連帶提升工作士氣。因為KPI相對於實際上的努力，有時候可能會因為受到看不見的外部因素阻撓而沒有成果，或是剛好錯過了出現成果的好時機。

因此，我特別想強調ＫＤＩ的達成，因為一定看得出往前的進度。光是充分運用ＫＤＩ就能連帶產生自信，每天樂在工作。從目的或目標拆解分析之後，要是能感受到其中的意義，就比較不會苦惱。

為此，最好是打造一個在組織評價上，以及無論結果與過程都受到好評的團隊。基於前面提到的理由，這樣能提高團隊成員的士氣，也比較容易維持。

重視意義與目的的二十多歲族群

過去那種光靠達成業績的喜悅與成就感，或是之後的升職及獎金加給來提振全體業務員士氣的時代，或許已經結束了。

提升數字固然重要，但不僅於此，還要同時滿足「從事一份感受到意義與目的的工作帶來的充實感」，我認為這才是接下來新時代的重點。尤其是現在二十多歲的族群，他們似乎很強烈追求工作的意義。

二十多歲跟前一個時代的人有不同的感覺也很正常，但目前二十多歲的世代，和經歷過泡沫時期不到五十歲的主管世代，兩者的感覺相距很大。有不少管理階層對於該如何管理也大傷腦筋。

比起金錢上的對價，重視付出價值的年輕員工也愈來愈多，跟這些人說：「達成業績你也一樣能開賓士車哦！」或是「再加把勁，你搞不好有機會成為最年輕的部長！」這類理論很難獲得他們的認同。他們比起外在報酬更在乎內在報酬，這些人想要的是對社會、對人群有貢獻的感覺。

在這種狀況下，公司提出的願景與企業宗旨就更加重要了。公司的願景本來就是將「自己一群人在這間公司想要達成的目標，以及對社會的貢獻」這些內容明文寫出來，要提醒員工在忙於每天的業務時，別輕易忘掉「工作的理由」。

當然，前提是員工對這份願景是有共鳴的，但如果要讓年輕員工更有企圖心，重點就是必須有其他機制來輔助，讓他們更有意識地認同這份願景（從這個角度來看，日本傳統辦公室會到處張貼社訓，乍看之下是很老派的作法，實際上，這種讓員工對願景產生共鳴是很合理有效的方法）。只不過，有點棘手的是，公司的願景與業務實務有時未必百分之百一致。

比方說，以Ｂ２Ｃ為商務主軸的公司所刊登的廣告促銷，但業務團隊的交涉對象卻是Ｂ２Ｂ。這麼一來，就會有業務員心生疑問：「廣告增加對個人有幫助嗎？」像這樣公司的願景與業務團隊的願景多少出現落差的狀況並不罕見。遇到這種狀況，業務部提出業務部本身的願景就很重要了，此外，也必須定期確認團隊成員對此是否都有認同感。

體認到願景任務帶來強大效果

該怎麼讓願景、任務深植員工內心呢？基本上就是不斷強調、不斷強調、不斷強調到令人覺得「需要這麼強調嗎？」的程度。此外，如果能訂立制度，表揚具體實現任務或願景的人也很好。

敝公司實施的是以下幾項政策。例如，在企業價值上，我們提出了「讓使用者感動」的口號。因此，在每三個月一次的全員大會上，先用許多實例與狀況說明公司的任務與價值，之後再請每個團隊討論各自在這一季中針對「讓使用者感動」實踐的案例，並在所有員工面前發表。以這種團隊分工的作法來落實，不僅能認知自己正在做對的事情，在聽到其他團隊的案例時，也會受到新的刺激。「哇！這麼做也能造福我們的使用者，我們也可以嘗試這種作法。」

另一方面，敝公司設有MEP（Most Extraordinary Player）獎項，每個月會表揚公司內成績顯著的員工，我會請獲獎員工吃一頓高級晚餐。另外，每半年會由全體員工投票，選出三名創造出足以破壞公司內部既有組織的重大價值的成員，我們稱為「Disrupter」，送他們到新加坡接受培訓。重點是，這些獎勵制度評估的標準都不是只憑數字。SONY創辦人盛田昭夫先生提倡單純化且不斷強調的重要性，由此可知，無論任務、願景以及意義，將這些化為文字反覆讓眾人接觸是很重要的。

如果你所屬的公司團體並沒能做到彼此分享願景，那麼你可以自己決定，在心中隨時不斷提醒自己就行了。以我個人為例，過去我列出的數值目標很簡單易懂，就是「在野村證券成為頂尖業務員」，同時我也提出「要以外部財務長之姿對客戶有所貢獻」的任務。我希望自己在精通公司財務的優勢下，對經營者提出精準的建議，有時也能扮演經營者尋求商量的好對象。

我設定好自己的手機，定期提醒我這個目標，並且在週末回顧時自我分析，自己有沒有離「外部財務長」這個目標更近一點，並且從中找出課題。

這些行動指標都不是公司或主管規定，而是我思考「自己想要在什麼樣的定位？」下，自行決定。如果你是個推銷白板的業務員，也可以提出像是「要以公司內部溝通的專家身分，為全日本的公司帶來活力！」這樣的任務。

一旦訂立任務，就不會短視近利，只在乎業績數字，光是做到這一點，每天就變得很充實，行動也會隨之改變。

團隊的PDCA就從與成員之間的信任感開始

在團隊裡啟動PDCA時，除了要獲得團隊成員對於商務面的「尊重」之外，也要建立起能獲得個人「信任」的關係。具體來說，就是觀察每位成員對目標付出什麼樣的行動，如果認為有「進度好像停止了哦」的成員，就要訂出「個別談話時間」，效果會比較好。

這時候很重要的是，從頭到尾都別談跟業務相關的話題，而是跟成員聊聊私生活。例如，這個人很可能是因為私生活出了什麼狀況，才導致他的表現失常，業績無法提升。

如果沒發現到這一點，一味針對跑業務方面說教，可能會讓對方認為「我的主管根本不了解我」，以致士氣更加低落。「無論工作、生活，有什麼煩惱嗎？」以「半聊天」的心情來交談，很多部屬都會願意敞開心房。

有些人認為，這樣的「聊天」太沒效率。但其實多數人在出社會之後，很難在公司裡坦言自己私生活上的煩惱。如果主管能以主動開放的態度表示：「任何事情，包括工作之外的事，也可以找我商量！」彼此不再是主管與部屬的關係，而是人與人的交流，就能產生信任感。有了這份信任感為基礎，面對目標就會覺得「我要為了公司、團隊努力」，頓時提升工作士氣。在「貼近團隊成員的人生」這個理念下面對員工，能夠提高團隊內部向心力，也會成為PDCA循環的潤滑劑。

將成員分成不同類型因材施教

與團隊成員建立互信關係，以整個團隊來啟動PDCA時，在這個循環也會出現個別差異。於是，我將成員就某項業務中自行思考行動的狀況用「擅長、不擅長的人」和「想做、不想做的人」作為兩道主軸，套用到四個象限內，就能給予他們適當的協助。

比方說，針對「想做但卻不擅長（圖表5-4 Ⓑ）」的人，我會留意在指導時要給他提示，並且讓他感受到「靠自己推論出答案」。具體來說，我誇獎的不是「結果」而是「過程」，藉由提出「該怎麼改善才能讓PDCA運作得更好？」這樣的問題，要求成員修正路線。

如果面對這位「想做但不擅長」類型的成員，由主管直接提出一到十的作法給他參考，很可能反倒降低了他原先「想做」的企圖心。

最理想的狀態是[A]的「想做且擅長」，但當然也可以將[B]～[D]的人提升到[A]的境界，或是加以訓練。這就要運用前面列舉的「私生活話題」。其實無論什麼樣的人，在日常生活中都不知不覺啟動ＰＤＣＡ。例如以鐵人三項為休閒活動的人會尋求更短完賽時間，或是廚藝高超的人……。就像這樣，聽到他們已經有「想做且擅長」的事情之後，再進一步問：「如果這些擅長的事情換成目前的工作該怎麼做？」以這種方式來引導，也是一種訣竅。

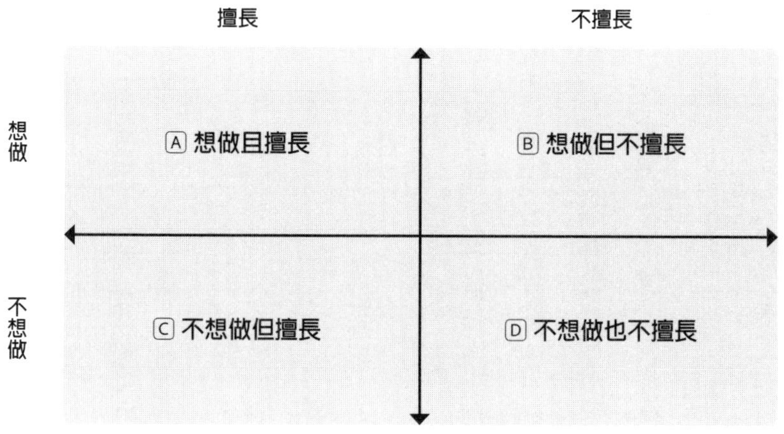

5-4 決定指導類型的四個象限

優秀的管理者傳授的是「模式」與「自動自發的方法」

我在從事前一份工作時，曾經負責培養晚我一年進公司的後進。他對於自己思考、行動雖然「不擅長」，卻有「想做」的意願。因此，當時我充分指導他下列這些事情：

- 凡事都根據假設，迅速做出判斷，付諸行動。
- 以數字追蹤每天的業務活動。
- 嘗試分解令他煩惱的課題。
- 隨時不斷尋找瓶頸或是尚未浮現檯面的課題。
- 增加課題與解決方案的模式

其實這些就是業務技巧的骨幹，與其說這副骨幹直接產生成果，不如說這是一副能持續產生成果的框架。

有一位畢業於國立大學的後進，天資很好，很快就接受我給他的建議。而且他還很驚訝，「沒想到業務這份工作可以用邏輯來思考。」至於實際上我是怎麼教他的呢？我就是不斷提出問題，促使他更深入思考，例如：

- 「如果要你舉出目前自己面臨的三項課題，你會怎麼說？」
- 「你認爲前一次簡報不順利的原因是什麼？」
- 「從這份公司資訊可以看出經營者的需求是什麼？」
- 「過去有沒有過跟這種需求很類似的案例呢？」

像這樣由我出題，隔天他準備好自己的答案，就是我們訓練的固定模式。其實，我也經常問自己這些問題。用提問的方式，他也可以自行應用，而且說不定答案比我的更好。再說，要他自己思考，能讓他親身感受到假設型業務模式實現的可能性及效用，連帶著養成習慣。

像這樣讓部屬養成「自動自發的能力」是培訓的基本，話說回來，「全部自己去思考！」

這樣的管理方法我又覺得太誇張了。我擔任教育訓練工作的大原則，就是讓對方學會持續改善的能力，同時應該要給予他一定程度最基本的模式。之後只要讓他自行加以改善就行了。比方說，敝公司將我介紹公司的模樣以及業務高層主管簡報的情況都收錄成影片，分享給所有業務員。這並不是要他們百分之百模仿，而是為了讓他們在自行改善時有個基礎。

很多業務團隊容易將大部分的營業額都託付在一群超級業務員的身上。不過，只要能教會模式以及自動自發的方式，無論什麼樣的員工都能做出頂尖業務員七成的成績。請你模擬一下，在你的部門套用目前的業績數字，要是所有人都能有首席員工的七成表現，應該能造成很強大的震撼力。而且，這種方式非屬個人，而是以組織架構來實踐。因此，即使在團隊內從橫向或下層有人進入，也能立刻成為戰力，最後打造成一支戰力非常高的團隊。

管理者別花太多時間在處理緊急性高的事務上，應該要努力保留一些時間花在「重要、非緊急」的事項。這包含了培育部屬、建立作業的架構等中長期任務，經常也是在解決團隊面對課題時的切入點。

主管若是直接幫忙部屬的工作，甚至處理到細枝末節的地方，在第一線確實會讓大夥兒都很輕鬆，但這只是一時的假象。倒不如思考「讓部屬不會被緊急狀況追著跑的作業架構」，將時間花在能早期解決課題這方面，如此不但能幫助部屬，還能提升團隊生產力。在上位者的任務就是創造未來，打造一個讓部屬能順利啟動ＰＤＣＡ的環境，這才是主管重要的工作。

每半年一次讓業務員有「跟隨王牌」見習的機會

前一份工作在分公司擔任業務員的時期，有時候野村證券總公司的王牌業務員會到分公司支援。每次前輩都會問：「我今天會在這附近跑兩三個案子，有人要跟我一起去嗎？」遇到這種機會我都會率先舉手，主動表達跟隨的意願。

在一般公司會覺得很罕見吧。就算說跟著去開會，多半就是直屬主管，或是再上面的課長之類，幾乎不會跟其他課、其他部門，或是和分公司的員工有「橫向交流」。不過，每個部門一定會有一、兩位優秀的員工。以我本身的狀況來說，本公司的員工中有口才非常好的人，也有對產品知識瞭若指掌的人，也有人脈很廣的人，聚集了各種不同類型的優秀人才，去觀察形形色色的業務員，會讓自己的眼界大開，「原來如此，這樣的說話方式會讓人覺得很精明」，或是「原來債券可以用這種方式來提案啊」。只要有機會跟隨這些人一次，就會發現之前沒察覺到的事，眼界出乎意料地變高了。此外，還會想要成為這種人，不斷渴望輸入新知。

然而，若因為領域性、組織上的問題，導致錯失這些好機會，真的非常可惜。如果真的是積極主動的人，就不會在意部門的差異，仍然會不斷保持互動。但實際狀況常不是如此，站在一般業務員的角度很難這麼做。因此，由管理者打造一個理想的環境，讓團隊成員能積極跟隨其他部門的王牌業務員，會是最快的作法。不僅能期待團隊成員在技巧上的成長，也可能會一併解決士氣低落的問題。

經常看到的例子是，年輕員工有「我們部門都沒有人可以當作參考」，或是「其實我比較想去另一個部門工作」這類的煩惱，導致工作士氣低落。站在管理者的角度，這些不滿不容易發現，加上部門調動也不是這麼容易，不是能簡單解決的問題，有些棘手。當然，能夠以管理者為範本是最理想的狀況，但事實上也不是每個人都能成為眾人的模範。

正因為如此，才要營造與其他部門交流的機會，半年一次也無妨。可能的話，最好是與第一線的業務員互動，如果實際上有困難，也可以針對業務課題、know-how等主題進行一場腦力激盪會議。光是這樣，就很可能消除團隊成員的停滯感與不滿情緒。

是競爭還是分享知識？

前面之所以提到了形形色色的企業經營者與業務負責人，是因為有百分之九十五左右的公司都面對「業務員素質參差不齊」的課題。業務員素質參差不齊的原因，就是沒有共享整個團隊的知識，除此之外再無其他理由。尤其業務員之間競爭太過激烈的公司，愈是小規模的自營商就愈是封閉。更別說成為大公司的業務部隊之後，與分公司同事之間也處於競爭關係，彼此愈難分享知識。

偶爾會遇到有些經營者認為「業務技巧是憑感覺，很難分享」，不過，本書已經說得很清楚，跑業務的方式可以靠科學，而且大都能加以具體說明。資訊收集的方式有幾種類型，需求的假設建構與因應解決方案也可以模式化。之後再將能夠模式化的部分全數分享，道理就是這樣。

很多人會認為營業團隊要不是秉持競爭原則，否則就走集體智慧路線，無法兼得。但其實在維持競爭原則下還是可以分享知識。

我任職前一份工作時，曾主辦過一場知識分享的會議，召集進公司五年左右的分公司業務員，彼此發表各自的「必殺業務技巧」（擅長的模式）。結果出現什麼情況呢？當有人提出自己特殊的營業手法時，全場一陣騷動，然後下一位發表人就會提出更厲害的壓箱底絕招。這也是競爭原則的效果。

況且，在場的人全都是平常鍛鍊出聆聽技巧的業務員，不但頻頻點頭，其間要是有人附和，穿插幾句「太厲害了」、「真不是蓋的」，發表的人會愈講愈起勁。這類會議如果每週固定召開，就會少了「隆重感」，但如果是三個月一次、不太常有的活動，就能達到加成效果。由於效果實在太好，有時候我舉辦證券公司或是保險公司的業務員研討會時，也會讓參加成員有機會發表突破櫃臺及總機等第一關的談話術。

將近一百名的業務員能夠彼此分享花了好幾年鍛鍊的談話術，光是這樣就能大大提升團隊的業務能力。順帶一提，敝公司的業務團隊或許面對的客戶都是公司行號，由業務團隊全體合作，推動業務，這樣的文化已經深植人心。

金融機構中會有一些過去很優秀的業務人才，但在新創公司裡無法期待單靠特定個人的力量來達到穩定的業績，因此我認為像知識分享會這種集思廣益的活動，會勝過一名超級業務員。

我認為如果有更多公司引進業務員讀書會的制度會更好。實際上的運作並不難，只要最初幾次多花點心力，一旦有年輕員工親身體會到效果，之後就能讓整個制度自行運作。

這種時候如果有人能扮演優秀的教練角色最理想，萬一運氣不好沒有這樣的人選，團隊成員仍能找到市面上暢銷的業務、簡報、行銷等各個領域相關的書籍，大夥兒閱讀之後再交換意見，這種作法也非常有價值。

敝公司的讀書會大都採取「世界咖啡館（The World Cafe）」的形式。世界咖啡館是在教育領域一股新潮流的「主動學習（Active Learning）」中納入的方式，目的是要培養參與者的主動討論。

步驟一：首先，將參加者分成每四人一組。第一個小組先針對某個議題交換意見，將察覺到的重點或是其他發現歸納起來寫在紙上。

步驟二：接著留下一位「桌長」，其他三人則看看每一組紙張的內容，各自移動到覺得有興趣的組別。

步驟三：在新的小組中，桌長先和其他人分享前面的討論，新的參與者發表意見與想法，同時更刷新了先前的想法，把這些更加深入的內容寫在紙上。

步驟四：成員各自回到原先的小組，再分別進行第二次的小組討論，或是將浮現的想法帶回小組，由團隊一起整理歸納。最後每個小組將各自的想法和所有人分享。

這種世界咖啡館類型讀書會的特色，就是知識的集結是由形形色色的人一起擦出的火花。這種作法不僅能確保各種想法的「量」，這些想法經過多樣化的價值觀淬煉之後，「質」也會急遽大幅提高。

敝公司除了讀書會之外，也有一些會議採取這樣的形式。世界咖啡館不限議題種類，例如，如果是商用書的讀書會，就可以設定「能不能從這本書產生對公司業務有重大影響的政策呢？」這樣的議題；如果是業務本身的議題，就可設定「為什麼使用E-mail接觸客戶的ＫＰＩ很難達成？」類似這樣讓眾人分享輸出的機會，很快就能學習know-how。另外，就像很多人一聽說電玩有哪些密技會忍不住一回家就試玩，當獲得一些原本自己想不到的工作小訣竅，一樣立刻躍躍欲試。知識分享就能帶來這樣的效果。

用「原來如此表單」促進成長的加成效果

目前敝公司採取的一項知識分享措施，就是運用「原來如此表單」。這是在日常業務、閱讀，以及人際關係上若有任何新發現，每位團隊成員就寫入同一份Google試算表，彼此分享。以個人為單位記錄這些新發現當然也很有效，不過若有團隊成員彼此分享，就能藉由回饋更加發揮效果。

我們每天都將「體驗」到的事物，藉由言語來成為「經驗知識」。「經驗知識」再經過規則化、結構化、步驟化，就能成為「可重現的know-how」。

比方說，在十字路口被突然衝過來的車子嚇出一身冷汗，這時候感到「危險！」的感覺，就是體驗。然而，這個狀況發生在一瞬間，光是這樣也無法在未來運用。但覺得危險的體驗可以化為語言，例如：

- 行人專用紅綠燈的綠燈閃爍。
- 只顧著左邊的時候，
- 右邊突然有一輛車衝過來。

就像這樣。

盡可能把這段體驗詳細記錄下來，就會成為經驗知識。如果再進一步結構化，就會成為規則，例如：

- 當行人專用紅綠燈的綠燈開始閃爍，就要注意四周。
- 要穿越馬路時必須注意右側→左側→右側，確認是否有來車。

這麼一來，不但對自己的將來，對他人也會成為「可重現的know-how」。當然，在跑業務時也是相同的道理。

• 體驗……「今天原本以爲可以談定的生意，結果沒能順利打動對方。」

• 經驗知識……「到了準備成交時，對方的表情有些僵硬，似乎仍有煩惱無法很乾脆做出決定。」

• 可重現的know-how……「到了最後一刻，就是由情緒來決定！這時業務員必須有自信，一定要用斬釘截鐵的語氣說：『這樣做保證沒錯！』」

就像這樣一步一步拆解。將「可重現的know-how」的情境內容，或若是還沒發展到這個地步，至少在「經驗知識」階段的內容，都記錄到「原來如此表單」中。管理上能採取這些作法的話，團隊成員自然會有迅速成長。

此外，從管理者的角度來看團隊的「原來如此表單」，其實能發現很多事情。首先知道的是，PDCA運作得是否順利。

順利運作的人，他的「原來如此表單」會隨著時間演進內容寫得愈來愈詳細、具體。

※為了深入思考，以及提升歸納思考出的問題精準度，記得要持續筆記，而且每天要記錄七張！
※對於團隊成員的原來如此表單中有疑問的話，就記在意見欄（不一定每次都填寫）希望大家有意見也能踴躍填寫意見欄。
※每次的原來如此表單中至少要在「Disrupt」和「鬼速PDCA」填入一項以上！
繳交日期：各企畫案半週MTG實施前（每週一、四）

部門	負責人	內容

5-5 原來如此表單

說明會變得精準，就是因為藉由ＰＤＣＡ讓假設、驗證的循環更精準，思考力提升的關係。

反過來說，有些很籠統的內容，比方「今天的簡報不怎麼起勁，對方不太能理解」。只停留在體驗基礎階段的人，雖然感受到不安及疑慮，卻無法掌握到具體的課題。沒能釐清原因，寫出來就變成這種曖昧模糊的內容。

遇到這種狀況，身為管理者必須追蹤了解。根據這份「原來如此表單」找來當事人一對一面談，或是在隨同外出開會的回程上問問：「對了，表單上你寫的內容具體來說是什麼狀況？」進一步深入了解，幫助當事人察覺。

用言語精準表達情境，這屬於「雖不緊急但很重要」的事項。處理起來很麻煩，有時你會覺得不如趕快消化眼前的待辦任務才對，但事實上難得的體驗要是未來無法靠自己再次重現，就整體來看才更是浪費時間。

正因為如此，管理者才更要藉由自身展現這個過程的重要性，並追蹤了解以確保成員都能將體驗精準說出來。

結語

根據牛津大學的研究預測，五年後，保險公司與銀行的業務人員大概只剩一半。我不是研究未來趨勢的學者，無法判斷這個預測正不正確，但看看客服中心的無人化、引進聊天機器人等，業務領域邁向自動化的確是事實。

因此，不少人擔心：「持續依照現在跑業務的方式，會不會沒飯吃了？」結果前陣子真的有煩惱這件事的人來找我。他們幾位是野村證券的資深約聘員工，全都業績傲人，但就連他們也對自己的工作沒什麼信心。

我很肯定地告訴他們。「我倒認為往後的人類跑業務會更有價值。我也覺得從業人數會減少，但這一行不會消失。」冷戰結束後，資本主義成了社會基本主流已經好長一段時間，使得目前成了只以經濟掛帥的社會。然而，當衝過頭了之後，幾個先進國家率先反思，重新思考人與人之間互動的價值。無論是留在家鄉的「溫和叛逆者（mild yankee）」或是受到年輕人喜愛的房屋分租制度，都是來自追求與他人的互動。

考量到這樣的變化下，人工智慧或是機械學習在未來即使能取代一部分的跑業務步驟，但活生生的人類進行交涉的業務價值卻不會消失。

在金融科技（FinTech）這股嶄新的潮流裡，基本上真實世界裡的業務像是就要被淘汰，要全數以人工智慧及機器人來取代。然而，愈是深入鑽研金融科技，我自己愈是有完全相反的看法。當然，現實社會中的業務員人數減少，這已是不可抵擋的浪潮，但業務這份工作將會背負更重要的任務。在金融科技這種以效率為最優先的工作環境下每天奮鬥，應該更能發現人情與溝通的重要性，重新再次認識到業務員的價值。

要接觸客戶心中講求效率的部分時，人工智慧能夠超越人腦；但人工智慧要接觸到客戶內心情感層面時，就會遇到相當的阻礙。況且，當客戶挑選產品猶豫不決「究竟哪個才好呢？」的時候，可以走過去提供意見，或是對於第一次購買金融商品這類風險商品時讓客戶稍微鼓起勇氣，這些就是人與人之間溝通的價值。

況且，如果沒有業務員的介入，或許這位客戶一輩子都不會認識資產運用的領域。網路行銷對於需求凸顯的族群很有效，但金融商品的話，幾乎很少人會察覺到需求。只有人類，才能找出有潛在可能性的人，並且喚起需求。

話雖如此，跑業務的方法與更新還是得隨著時代的變化不斷求進步。在成功進化的未來，社會大眾對於業務員也會稍微改觀吧。

衷心希望本書對於跑業務的進化能有所貢獻。

富田和成

附錄

假設思考工具

點擊下方連結可以下載本書所介紹
有助於假設思考的工具。

- KPI表單
- PJT表單
- 原來如此表單
- 10分鐘業務交涉PDCA
- 假設型業務交涉剖析圖

https://cm-group.jp/LP/40113/

10分鐘業務交涉PDCA記錄範例

①設定目標

成為全公司業績第　（營業額1億日圓）

↓

②思考課題

【限時3分鐘】

思考在實現目標時會遇到的課題，盡量多寫一些
（7個以上）

- 名單來源快要枯竭
- 與A社的競爭總是落敗
- 每到簡報前就緊張
- 沒時間做好事前準備
- 因應目前手上客戶已分身乏術
- 訪談可能做得不完整
- 計畫訂得不好，不夠精簡
- 很多案子在簡報之後就沒下文

↓

③篩選課題

【限時30秒】

從上面列出來的課題中再圈出3項「看起來會有更大影響的因素」。

- ○名單來源快要枯竭
- ○與A公司的競爭總是落敗
- 每到簡報前就緊張
- 沒時間做好事前準備
- ○因應目前手上客戶已分身乏術
- 訪談可能做得不完整
- 計畫訂得不好，不夠精簡
- 很多案子在簡報之後就沒下文

↓

④思考解決方案

【限時3分鐘】

篩選出3項課題後再寫出解決方法。不需要特別區分每個課題。
（10個以上）

- 嘗試參加業界團體的活動
- 用用看帝國資料庫
- 上網搜尋有沒有可以免費使用的名單
- 設法拿到A公司的簡報內容
- 在業務部分析A公司的簡報內容
- 製作一份例行工作的作業準則
- 討論如何和A公司形成差異
- 找出可以交代給資淺員工的工作
- 強制訂出爭取新客戶的時間
- 實際測量出工作時間的分配

⑤篩選解決方案

【限時30秒】

從上面列出來的解決方案中再圈出3項「看起來會有更大影響的因素」。

○嘗試參加業界團體的活動
- 用用看帝國資料庫
- 上網搜尋有沒有可以免費使用的名單

○設法拿到A公司的簡報內容
- 在業務部分析A公司的簡報內容

○製作一份例行工作的作業準則
- 討論如何和A公司形成差異
- 找出可以交代給資淺員工的工作
- 強制訂出爭取新客戶的時間
- 實際測量出工作時間的分配

⑥任務化

【限時2分鐘】

針對3個篩選出的解決方案訂出「途徑（該怎麼做）」及「日期（何時要做好）」。

- 今天內最少收集三件業界團體活動相關的資訊
- 本週之內找出過去敗給A公司的客戶中特別是與專案負責人交情好的公司聊一聊
- 後天之前製作出一份例行事務作業準則的草稿，再請主管過目

⑦視覺化

【限時1分鐘】

將上面訂出的任務謄寫到筆記本裡。（如果是多人分工狀態，請與旁邊的人分享）

國家圖書館出版品預行編目資料

野村證券傳奇業務員的致勝招術／富田和成著；葉韋利譯 . -- 初版 . -- 臺北市：商周出版：家庭傳媒城邦分公司發行，民 108.05
256 面；14.8×21 公分
譯自：営業 野村證券伝説の営業マンの「仮説思考」
ISBN 978-986-477-650-4（平裝）
1. 職場溝通 2. 業務
563.53 108004905

野村證券傳奇業務員的致勝招術

原著書名／営業 野村證券伝説の営業マンの「仮説思考」とノウハウのすべて
作　　者／富田和成
譯　　者／葉韋利
責任編輯／張曉蕊
校對編輯／呂佳真

版 權 部／黃淑敏
行銷業務／莊英傑、王瑜、周佑潔
總 編 輯／陳美靜
總 經 理／彭之琬
事業群總經理／黃淑貞
發 行 人／何飛鵬
法律顧問／台英國際商務法律事務所　羅明通律師
出　　版／商周出版
臺北市中山區民生東路二段141號9樓
電話：(02) 2500-7008　傳真：(02) 2500-7759
E-mail：bwp.service@cite.com.tw
發　　行／英屬蓋曼群島商家庭傳媒股份有限公司城邦分公司
臺北市中山區民生東路二段141號2樓
讀者服務專線：0800-020-299　24小時傳真服務：(02)2517-0999
讀者服務信箱E-mail：cs@cite.com.tw
劃撥帳號／19833503　戶名：英屬蓋曼群島商家庭傳媒股份有限公司城邦分公司
訂購服務／書虫股份有限公司客服專線：(02)2500-7718；2500-7719
服務時間：週一至週五上午09:30-12:00；下午13:30-17:00
24小時傳真專線：(02)2500-1990；2500-1991
劃撥帳號：19863813　戶名：書虫股份有限公司
E-mail：service@readingclub.com.tw
香港發行所／城邦(香港)出版集團有限公司
香港灣仔駱克道193號東超商業中心1樓
電話：(852) 2508 6231　傳真：(852) 2578 9337
馬新發行所／城邦(馬新)出版集團
Cité (M) Sdn. Bhd. (458372U)
11, Jalan 30D/146, Desa Tasik, Sungai Besi,
57000 Kuala Lumpur, Malaysia.
電話：603-90563833　傳真：603-90562833
行政院新聞局北市業字第913號

封面插圖／Freepik.com.
內頁排版／綠貝殼資訊有限公司
印　　刷／鴻霖印刷傳媒有限公司
總 經 銷／聯合發行股份有限公司　電話：(02)2917-8022　傳真：(02)2911-0053

■ 2019年（民108）5月初版
Printed in Taiwan

定價／320元

城邦讀書花園
www.cite.com.tw

ISBN 978-986-477-650-4